MIRA LO BUENO

OPTIMISMO Y GRATITUD PARA CADA DÍA

ZACH WINDAHL
PRÓLOGO POR BOB GOFF

WHITAKER
HOUSE
Español

Traducción al español por:
Belmonte Traductores
www.belmontetraductores.com

Editado por: Ofelia Pérez

Mira lo bueno
Optimismo y gratitud para cada día
© 2023 por Zach Windahl

ISBN: 979-8-88769-041-4
eBook ISBN: 979-8-88769-040-7
Impreso en los Estados Unidos de América.

Whitaker House
1030 Hunt Valley Circle
New Kensington, PA 15068
www.whitakerhouseespanol.com

1 2 3 4 5 6 7 8 9 10 11 ⩜ 30 29 28 27 26 25 24 23

A GISELA

Gracias por hacer que valga la pena recordar cada momento.
Nunca dejaré de decir: "Te amo".

ÍNDICE

PREFACIO

Si te pareces a mí en algo, no se necesita mucho en estos tiempos para escuchar acerca de que las cosas están muy mal. Enciende el televisor, abre el menú de tu teléfono, o entabla una conversación con la persona que está a tu lado en la fila del supermercado, y es probable que oigas hablar de lo mal que está el mundo. De hecho, me parece que la mayoría de las personas son más conscientes ahora que nunca antes del estado cada vez peor del mundo. Desde la pandemia hasta la política, hay una sensación de que las cosas van de mal en peor; y, debido a muchas razones, las cosas son bastante complicadas para muchas personas en este momento. Divisiones sociales y políticas están causando importante estrés y problemas; personas han perdido a seres queridos y sufrieron en muchos aspectos en estos últimos años. Sería muy razonable entender por qué las personas se sienten de ese modo.

Yo he estado cerca y he sido testigo de algunas de las experiencias más terribles en la historia reciente. He visto de primera mano desastres naturales, guerras, hambrunas, y otros acontecimientos horribles que hacen que nuestra realidad parezca muy pesimista; sin embargo, me sorprende ver regularmente a personas que están en las situaciones más oscuras levantarse para dar luz a quienes les rodean. Lo he visto una y otra vez en todo el mundo. Cuando supongo que las cosas deberían ser solamente pesadas y difíciles, hay personas que son capaces de ver las cosas desde una perspectiva diferente y, ante una adversidad abrumadora, enfocarse en lo bueno que puede encontrarse en la vida. ¿Has conocido a alguna de esas personas? Las que siempre parecen tener un brillo de alegría en su mirada, cuyas risas no están muy lejos. Esas son las personas a quienes otros buscan en los momentos más complicados, y la resiliencia que es marca distintiva de sus vidas parece provenir de algún lugar distinto a sus circunstancias.

Mi experiencia y mi amistad con Zach Windahl me han demostrado que él es una de esas personas. El tipo de persona que no pasa por encima ni evita situaciones difíciles, sino que acepta la dificultad y conoce muy bien la esperanza que se encuentra en esos momentos de valle de nuestras vidas. En las siguientes páginas, Zach nos ayuda a entender cómo y por qué deberíamos reconocer las partes difíciles de la vida; pero también decidir mirar lo bueno y vivir una vida positiva como respuesta. Mientras más tiempo vivo y más personas conozco, estoy aprendiendo lo que significa mirar la vida como un regalo por el que estar agradecido. Zach y quienes son como él, que han descubierto los motivos para enfocarse en lo bueno, también están dispuestos a responder a lo bueno en la vida con gratitud, y dar un paso adelante con firmeza y determinación para hacer que nuestro mundo sea un lugar mejor. Cuando somos capaces de mirar lo bueno y descubrir la vida como un regalo, verdaderamente hace que queramos dar algo a cambio.

A medida que leas este libro, recibirás inspiración y aliento para ver tu vida, y las vidas de otras personas que te rodean desde una perspectiva nueva. Al hacerlo, espero que aprendas a devolverle a la vida en la medida que encuentres maneras de recibir lo que ella ya está intentando darte.

—Bob Goff
Autor de éxitos de ventas del *New York Times*

PARTE UNO

CAMBIAR NUESTRA FORMA DE MIRAR

1

CAMBIAR NUESTRA PERSPECTIVA

"**M**amá está enferma".

Con cuatro años de edad, yo no entendía la profundidad que contenían esas tres palabras.

Probablemente tiene dolor de estómago, pensaba yo. *Si bebe un poco de ginger-ale, mejorará pronto.*

Lo que yo no sabía es que a mi mamá le habían diagnosticado cáncer de ovarios en estadio 4. El médico la envió a casa con un 5 por ciento de probabilidades de vivir.

Lo que sucede cuando se produce un diagnóstico nuevo es que uno nunca sabe lo que está sucediendo internamente; mi madre por fuera se veía bien, al menos por un tiempo. Sin embargo, tras unos pocos meses, comenzó a perder peso y se quedó solo en piel y huesos.

Yo ya no podía reconocer a mi propia mamá.

Una noche, mientras estaba en su habitación en el hospital, recibió la visita de un amigo de la familia, Papá Don, que llegó equipado con una Biblia y una palabra para compartir. Aunque mi mamá se había criado en la iglesia, le enseñaron desde la tradición en lugar de invitarle a tener una relación con Jesús. La relación con Cristo es esencial; por lo tanto, aquella noche en su cama en el hospital, todo cambió.

Mi mamá fue sanada espiritualmente, y fue llena de una esperanza que no podía ser conmovida. Ella sabía a dónde se dirigía, sin importar cuál fuera el resultado del cáncer. Y, a medida que progresaba su tratamiento, también lo hacía su sanidad física. Unos meses después, estaba libre de cáncer.

Pero su guerra contra el cáncer no se detuvo ahí; y tampoco la sanidad y la esperanza.

A lo largo de los diez años siguientes siguió batallando: un tumor alrededor de su nervio ciático, cáncer de colon que requirió que le extirparan tres cuartas partes de su intestino grueso, y además de todo eso, cáncer de mama con una doble mastectomía y cirugía de reconstrucción. Desde los cuatro hasta los quince años, yo vi a mi mamá entrar y salir del hospital en ciclos, sin saber nunca si ella lograría salir adelante.

Supongo que se podría decir que mi niñez fue única y singular. Diferente.

Lo mejor que nos podría haber sucedido, en realidad.

Porque, ¿quieres saber lo que realmente me influyó hasta la médula? El hecho de que nunca vi a mi mamá molesta con Dios, ni deprimida, ni adoptando una mentalidad que dice: "Pobre de mí". Nada de eso. Todo el tiempo encontró un modo de mirar lo bueno, y me recordaba cuánto podría empeorar la vida. Me refiero a que ella podría haber muerto. Pero eso no sucedió.

Ella estaba viva.

Yo estaba vivo.

Tú, que lees estas palabras, estás vivo.

Algunas personas no tuvieron la bendición de tener esa oportunidad.

Sin embargo, tal vez una perspectiva optimista de la vida no es algo que a ti te resulta natural, como lo era para mi mamá. Quizás estás enojado con Dios, o tal vez sientes que no puedes tener un golpe de suerte. Sé cómo se desarrolla eso. También sé que hay cambios de mentalidad y de hábitos que podemos incorporar para ayudarnos a llevar una vida más llena de gracia y más llena de esperanza; y creo que este libro ayudará a situarte en la dirección correcta.

Solamente piensa en lo que sucedería si abriéramos nuestros ojos a todo lo que Dios está haciendo en medio nuestro: lo bueno en nuestra vida personal y en el mundo en general.

¿Y si comenzáramos a hablar de esas historias con otros?

¿Y si comenzáramos a ayudar a las personas a ver a Dios de maneras que nunca antes conocieron?

Eso cambiará tu vida y las vidas de otras personas. Te lo prometo.

¿MEJOR O PEOR?

Desde los cuatro años de edad he recibido una educación forzada sobre cómo actúa el gozo, y me presentaron la importancia de la gratitud hacia la vida porque casi me la arrebataron delante de mis ojos.

Yo soy un hombre de rutinas. Un súper tipo A, y tipo 3 ala 2 en el Eneagrama. Sí, ya conoces ese tipo. Todo planeado. Cada mañana es lo mismo:

Me despierto cuando suena mi alarma a las 7 de la mañana.

Me baño.

Limpio mis lentes y agarro mi Biblia.

Saco a mi perrita Nyla para que haga sus necesidades.

Desayunamos juntos, lo que significa en realidad que me trago rápidamente un batido de proteína porque a ella le toma diecisiete segundos devorar su comida.

Y entonces me siento en nuestro sofá para leer mi Biblia y compartir un par de pensamientos en redes sociales.

Lo mismo. Cada día.

Un día, decidí proponer dos sondeos en mis historias de Instagram. Tenía curiosidad ese día después de ver tantas publicaciones impulsadas por la ansiedad.

Sondeo uno:

¿Crees que el estado del mundo está mejorando o empeorando?

Sondeo dos:

Como cristianos, ¿crees que es más fácil o más difícil ser cristiano?

Sinceramente, en realidad no sé cuáles esperaba que fueran las respuestas; sin embargo, después de veinticuatro horas, las respuestas me asombraron.

El 84 por ciento de las personas dijo que el mundo estaba empeorando.

El 81 por ciento dijo que era cada vez más difícil ser cristiano.

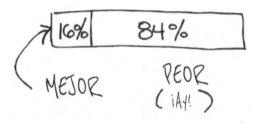

Me asombraron las perspectivas de las personas.

Estaba sentado y sin poder entender. Me preguntaba por qué tantos cristianos podrían tener una perspectiva tan negativa del futuro. ¿Es que yo no tengo la misma perspectiva de la vida que tienen la mayoría de las personas? Pensé en eso por un rato, y me inundaron las emociones.

Estaba muy confuso, un poco triste y con curiosidad, y bastante enojado. Enojado porque no podía entender los resultados tan sorprendentemente negativos de los sondeos, y porque tenía muchas preguntas de seguimiento que no encajarían en el límite de caracteres de las preguntas en Instagram.

Sin embargo, no podía quedarme sentado y haciéndome preguntas. Necesitaba saber por qué sucedió eso. Necesitaba hacer algo al respecto. *Necesitamos* hacer algo al respecto.

Por lo tanto, comencé mi proceso de descubrimiento con normalidad, con una sencilla pregunta: *¿Por qué?*

A continuación están algunas de las razones por las que las personas votaron como lo hicieron:

"¡Estamos en los últimos tiempos!".

"Estamos experimentando censura y pastores que son arrestados".

"Los cristianos son odiados y todo el mundo odia a Dios".

"Las iglesias podrían perder la exención de impuestos en un plazo de dos años".

"La cultura popular hace que el mundo acepte más el pecado".

"Los cristianos están recibiendo etiquetas equivocadas, y se están diciendo mentiras".

"Las cosmovisiones cada vez se alejan más de la Biblia".

"Como ya nadie ama, solo existen el juicio y el odio".

"No se está predicando el evangelio".

"La sociedad está llena de rebeldía y tentación".

"La ética cristiana es más odiada que nunca".

"No creo que sea mejor ni peor. Tan solo es diferente".

Todas estas respuestas son preocupaciones y problemas reales con los que están lidiando personas de todo el mundo. Me alegra que todos compartieran sus ideas conmigo, pues me permitieron ver una vislumbre de por qué las personas respondieron al sondeo como lo hicieron. Y no estoy intentando en modo alguno minimizar las malas circunstancias que las personas están viendo y experimentando en todas partes.

Sin embargo, aún seguía sin entenderlo. ¿Cómo llegamos hasta aquí?

ESTAMOS MUY ABURRIDOS

Si quieres una hamburguesa estupenda en Mineápolis, vete a un lugar llamado Nolo's. Tienen una hamburguesa de pato que te quitará el hipo.

El otro día cuando estaba allí, mi amigo Ethan pidió un plato de pimientos shishito salteados para mis amigos Tiago, Lucas, y para mí. Dijo que uno entre veinte pimientos sale tan picante que no puedes ni respirar.

No se te ocurra amenazarme con pasar un buen rato.

Mientras acabábamos con la bandeja de pimientos, encogiéndonos de miedo con cada bocado, expuse los resultados de mi sondeo de Instagram y que yo le estaba dando vueltas al tema: no podía comprender por qué tantas personas pensaban que el mundo estaba empeorando.

Compartí estadísticas como las que dicen que, en los últimos veinticinco años solamente:

+ el hambre en el mundo ha disminuido en un 40 por ciento;

+ el índice de mortalidad infantil se ha reducido a la mitad;

+ la pobreza extrema ha caído en tres cuartas partes; y

+ el 88 por ciento de los niños han sido vacunados al menos contra una enfermedad.[1]

Viendo todo esto desde una perspectiva macro, el mundo tiene una tendencia positiva. ¿Estás de acuerdo?

Por lo tanto, les pregunté a los muchachos sus opiniones. Lucas dijo: "Creo que se debe a que estamos muy aburridos y necesitamos cosas de las cuales quejarnos". Pensé en su respuesta durante un segundo y, bueno, estoy completamente de acuerdo.

Estamos muy aburridos.

Y nos falta perspectiva.

ODONTOLOGÍA Y UNA IMPRENTA

Estaba vendiendo camisetas en un festival de música cristiana el día después de que me extirparon una muela del juicio. Hacía mucho, mucho calor, y yo tenía mucha, mucha hambre, pero lo único que podía consumir mientras se me curaba la muela eran batidos sustitutos de comidas. Y, considerando que estaba en un festival de música cristiana en un día caluroso de verano, en lugar de estar en casa con un refrigerador, mis batidos estaban templados. Y eran de sabor de fresa. No estoy seguro de si la fresa lo empeoraba o no, pero esas cosas estaban definitivamente cuajadas al final del día, y tuve que tragármelas.

Sin embargo, por muy desagradable que pudiera ser, qué increíble pensar que cuando te tienen que sacar una muela del juicio, puedes conducir hasta un dentista, te anestesian, el dentista la extirpa, y en unos días se reduce la inflamación y ya estás bien. ¡Gloria a Dios por ello!

¿Qué crees que sucedía hace doscientos años si tenías problemas con la muela del juicio? Mira, tienes que saber que la novocaína se inventó en 1905. ¿Qué crees que hacían para anestesiar el dolor antes de que se inventaran los anestésicos locales? ¿Alguna idea? ¿Frotar la zona con una hoja al azar que rebuscaron por ahí?

Para ir un paso más lejos, ¿cómo crees que se realizaban las cirugías dentales durante los tiempos del Antiguo Testamento? Ay, ay.

Piénsalo: estamos en pleno verano del año 2500 a. C. Las potencias mundiales en ese entonces son Egipto y Babilonia en Mesopotamia, controlando lo que se conoce como el Creciente Fértil.

Para entender mejor la región, haz la señal de la paz con la mano izquierda.

El antebrazo es el Mar Rojo.

El dedo medio es el Golfo de Suez.

El dedo índice es el Golfo de Áqaba. A la izquierda de tu mano está Egipto.

Entre los dedos está la Península del Sinaí.

Y a la derecha de la mano está Arabia Saudita.

Encima de eso está Mesopotamia, donde terminaría estando la Tierra Prometida, lo que es en nuestros días Jordania, Israel, etc.

Tres grandes ríos recorren la tierra: el Nilo atravesando Egipto, y el Tigris y el Éufrates que atraviesan Mesopotamia.

Esta tierra era especial, y los ríos eran lo que la hacía ser extravagante.

Casi cada primavera, los tres ríos se desbordaban e inundaban las tierras, con el resultado de una abundante cosecha para todos los habitantes. Creían que, cuanto más sacrificaban a sus dioses, mayor era la inundación y más abundante sería la cosecha.

Hablaremos más sobre esto posteriormente, pero quería que tuvieras una breve comprensión de esto por ahora.

Así que regresamos a la visión.

Es verano del año 2500 a. C. Estás preparando una comida para tu familia moliendo trigo con un mortero de mano que heredaste de tus padres y parece un poco tosco. No te das cuenta de que, mientras estás moliendo, hay una piedrecita muy pequeña que se ha desprendido del mortero y ha ido a parar a la masa que estás mezclando. Ajeno a la tragedia que está a punto de suceder, repartes la masa en porciones para la cena y empiezas a cocinarlas en el fuego. El grato aroma fluye por el aire, llamando a tu familia a probar un bocado de aquello en lo que te has estado afanando. Sin embargo, momentos como estos con toda la familia reunida hace que todo el trabajo valga del todo la pena.

Te sientas.

Tu cónyuge sonríe. Tu hija se ríe mientras tu hijo hace otra broma.

Sientes la paz. Sientes la armonía.

Tomas un plato, das un mordisco, y de inmediato te arrepientes de haber usado ese viejo mortero al sentir la pequeña piedrecita que acaba de partirte la muela de abajo.

¡AY!

¿Y ahora qué?

La buena noticia es que los arqueólogos han descubierto momias del mismo periodo de tiempo que tienen agujeros en los dientes de cirugías dentales.

La mala noticia es que no había anestesia ni gas hilarante en ese entonces.

La cirugía dental no era preventiva para ellos como lo es para nosotros hoy día. Solo sacaban el torno cuando había un verdadero problema. Piensa en lo intenso que sería el dolor y la incomodidad sin crema anestésica. A la vez, piensa en lo terrible que sería el dolor si te rompieras un diente y no hicieras nada al respecto. Era una situación donde había que elegir entre lo malo o lo peor.

Cuando se trata del dentista, las cosas definitivamente son mucho mejores ahora. No me llevo muy bien con la sangre, y me están dando escalofríos mientras escribo estas palabras, pensando en que me sacaron una muela del juicio.

Sé que se llaman muelas del juicio, aunque a mí no me parezca que tienen mucho juicio.

Y no me saques el tema de la circuncisión.

Hay un tipo de literatura en la Biblia llamada literatura sapiencial. Sirve para ayudarte a vivir la vida. No son necesariamente reglas, sino consejos sobre cómo vivir mejor.

Por ejemplo: *Sin dirección, la nación fracasa; el éxito depende de los muchos consejeros,*2 y *Pon todo lo que hagas en manos del Señor, y tus planes tendrán éxito.*3 Cosas por el estilo.

Me encanta esto.

Estoy muy agradecido de tener esta sabiduría antigua disponible tan fácilmente, ya sea en una Biblia impresa o en el teléfono. (Sin duda, eres más santo si tienes lo auténtico, pero eso no está ni aquí ni allá).

¿Sabías que hace solo quinientos años que se imprimió la primera Biblia en inglés? No podías ir y comprar una Biblia en una tienda. Antes, habrías tenido que descartarlo. Me dan calambres en la mano solo de pensarlo.

Y no solo eso, sino que en esos tiempos, indudablemente no podías vivir tu fe en público como lo podemos hacer en muchas partes del mundo en la actualidad. No era porque a algunos no les gustaban los cristianos y, por lo tanto, comenzaron a perseguirlos. No, Roma odiaba a los cristianos; es decir, *todo el poder mundial* de Roma. Según lo que muchos eruditos de la iglesia primitiva creen, los romanos realmente no entendían el cristianismo, especialmente al apartarse del judaísmo y empezar a helenizarse más. Los cristianos eran una amenaza. Estaban diciendo que había llegado un nuevo reino y que se estaba asentando.

Otras religiones de misterio se estaban difundiendo también en ese entonces, como el culto a Baco y el culto a Mitra. Estos seguidores religiosos adoraban en secreto y celebraban comidas juntos, animándose entre ellos a seguir en su fe, igual que hacían los cristianos. No solo eso, sino que comían la carne de su dios en forma de pan y bebían la sangre en forma de vino, como hacemos en nuestra Cena del Señor. Por lo tanto, cuando el gobierno romano miraba estos distintos grupos de personas, no sabía ver las diferencias existentes entre ellos, y los cristianos eran perseguidos igual que el resto.

Roma tuvo un emperador durante unos años llamado Nerón, que fue el peor. Echaba a los cristianos a los leones para alimentarlos solo como entretenimiento. También los untaba con aceite, empalaba, y prendía fuego para usarlos como antorchas en sus cenas.

Y nos quejamos porque nuestras iglesias están perdiendo la exención de impuestos. Vamos. Eso es una bofetada en la mejilla para nuestro linaje cristiano.

Nosotros lo tenemos muy fácil.

Hay muchas cosas por las cuales estar agradecidos.

Me encanta que cuando pregunté "¿Por qué?" con respecto a los resultados del sondeo, una persona respondió: "No creo que esté empeorando ni mejorando. Tan solo es diferente".

Estoy de acuerdo con eso.

Tal vez tenía que haber ajustado mi pregunta, porque la respuesta no es binaria, sino compleja. Tenemos que enturbiar las aguas un poco.

¿Está mejorando? Sí, tiende a lo positivo.

¿Está empeorando? También sí. Muchas cosas son terribles en estos momentos.

Así que imagino que es algo parecido a preguntar: "¿Cómo fue el año 2020?" o "¿Cómo fue tu infancia?".

Hubo muchas cosas que fueron buenas y malas, dependiendo de cómo se mire.

Es cierto que se están produciendo muchas cosas malas, como la injusticia racial, la amenaza de las armas nucleares, nuestra crisis de salud mental, nuestras crisis de la tierra, y división en la iglesia. Pero también hay incontables cosas por las cuales estar agradecidos, como la odontología moderna y la disponibilidad de Biblias, tan solo como aperitivo.

Tenemos que decidir qué historia estamos contando. Dios literalmente nos está permitiendo participar en la creación continuada del mundo.

Estos son los días para los que fue creada la iglesia. Qué extraordinario estar vivo y tener esta experiencia. ¿Qué más podríamos querer?

El hecho de que casi perdí a mi mamá durante mis años de más desarrollo me enseñó muchas lecciones de la vida, pero se pueden resumir en dos cosas principalmente:

Dios es bueno.

Y toda la vida es un regalo.

2

TÚ DECIDES LA HISTORIA

Tú y yo no necesitamos ir a un viaje misionero para ayudar a la gente.

Y no necesitamos trabajar para una iglesia.

Ninguna de estas dos cosas nos hace ser más santos.

Mi esposa se crio yendo a la República Dominicana todos los años con su familia y sus amigos. *Todos los años.* Iban tan a menudo, que se hicieron amigos de los empleados del complejo hotelero y en cada viaje llevaban una maleta extra llena de ropa y juguetes para esas familias. Escuchar historias de cómo esos pequeños gestos impactaban la vida de los empleados de formas tan tremendas realmente me animaba. Y el hecho de que la República Dominicana sea uno de los lugares más hermosos lo hacía ser incluso más atractivo.

Por lo tanto, G y yo decidimos que íbamos a crear nuevas tradiciones con un grupo de amigos de todo el país. Una semana al año volaríamos todos a un lugar lejano para pasarlo en grande.

El primer año escogimos la República Dominicana, porque nos resultaba cómodo y podríamos hospedar a nuestros amigos y mostrarles de qué nos habíamos enamorado.

Cuando visitas destinos turísticos, siempre hay excursiones que se pueden hacer por la zona. El papá de G no dejaba de hablarme sobre los *boogies*, y que eran con diferencia el mejor extra para el viaje. A decir verdad, no tenía ni idea de lo que eran los *boogies*, pero la emoción que mostraban todos me animó, así que acepté.

El único impedimento era que los *boogies* eran populares, y creíamos que no podríamos conseguir hacer la reserva.

Mi amigo Brentom no pensaba lo mismo. No he visto nada parecido a la fe de este hombre. A veces creo que es un ángel. Todavía no estoy seguro de si mi teoría es verdadera o falsa. Así que Brentom, lleno de favor, se presentó en el mostrador, y dos minutos después regresaba caminando con una reserva en la mano, como si nada.

Gloria a Dios.

Esa mañana pasaría a la historia.

A las tres nos reunimos en el vestíbulo, esperando nuestro autobús. El trabajador del mostrador nos había dicho que nos vistiéramos para ensuciarnos, así que parecíamos un grupo de pordioseros, con bandanas en la cabeza, sombreros hasta las cejas y todos vestidos de negro.

No estaba seguro de si íbamos a robar un banco o a jugar en el barro.

Nuestro autobús llegó y subimos como si fuéramos ganado, preparándonos para solo Dios sabía qué. La persona que estaba a mi lado, que llevaba un bolso de Gucci y sandalias, sin ninguna duda no sabía dónde iba.

"¡¿¡¿ESTÁN LISTOS PARA LOS *BOOGIEEEEEE- EEESSSSSSSS*?!?!", gritó el conductor del autobús por el altavoz.

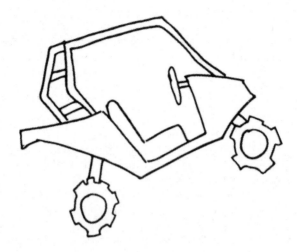

Y todos comenzamos a corear; ladrando básicamente. No sé qué me paso, pero surgió mi primate interior o algo así. Por alguna razón, mi amigo Nate me animó tanto, que estaba a punto de colgarme de las ventanas.

Estábamos listos.

El autobús nos condujo por diferentes pueblos hasta llegar a nuestro destino. Por el camino vimos pobreza como nunca había visto hasta entonces. Casas pequeñas de cemento sin puertas ni ventanas. Perros malnutridos caminando por la carretera. Basura por todas partes.

Pero las personas… no parecían muy distintas a nosotros. No estoy seguro de lo que esperaba de personas que vivían en tal pobreza, pero no esperaba ver sonrisas y baile, o gozo y alegría. Sí, quizá no tenían muchas cosas materiales, pero eran ricos en carácter.

Llegamos a nuestro destino, que era una pequeña construcción sin techo rodeada de *boogies*, alias *buggies de dunas*, alias todoterrenos con jaulas.

Era el momento del juego.

Nos fuimos por parejas a los *boogies*. Yo me emparejé con Nate.

Mientras salíamos del estacionamiento, un grupo que acababa de terminar su excursión estaba llegando, y déjame decirte que esos tipos estaban *mugrientos*. Totalmente cubiertos de barro de la cabeza a los pies.

Yo pensaba que estaba preparado, pero ahora lo sabía: indudablemente no estaba preparado.

Emprendimos lentamente nuestro recorrido por las calles. Los niños nos perseguían intentando vendernos flores y dibujos por un dólar. Me encanta el arte, así que por supuesto que compré uno y vacié mis bolsillos para dárselo como propina.

El guía turístico comenzó a avanzar más rápido, así que doblé el dibujo y lo guardé antes de ver qué era. Pero sabía que iba a ser bueno.

Nate iba manejando en ese momento. De repente, giramos bruscamente a la derecha hacia un hoyo de barro, y el agua sucia llegó a cada rincón de nuestro boogie como un momento de tipo Mar Rojo antes de sucumbir. Mis lentes se volvieron de color marrón de inmediato, y la camiseta quedó tan empapada que no podía limpiar los cristales de los lentes con ella. Pero necesitaba ver, así que los limpié con la boca.

En los próximos cuarenta y cinco minutos, Nate y yo hicimos turnos para manejar, pasando por charcos de barro, haciendo derrapes, y pasándola en grande. Mi cabello estaba tan soplado hacia atrás, que tenía la sensación de que íbamos en un cohete.

Cuando las cosas se calmaron, nuestro guía comenzó a dirigirnos de regreso al lugar de inicio, y terminamos. Lo que más se me quedó grabado fue el gozo que irradiaban los niños que veíamos al pasar.

Puede ser muy fácil mirar a las personas que tienen menos que nosotros y pensar en todas las maneras en que nos va mejor que a ellos. Sin embargo, conozco a muchas personas que tienen muchas más cosas que ellos, pero son muy miserables.

Cuando regresamos al hotel, abrí el dibujo que le había comprado a ese niño. En medio de la hoja arrancada de un cuaderno había un corazón amarillo con pétalos de flores que salían de su alrededor. No podía dejar de mirarlo con una sonrisa de oreja a oreja.

En medio del caos, cubierto de barro, rodeado de lo que muchas personas llamarían pobreza, era yo a quien Dios había asombrado. Cuando pensaba que estaba haciendo algo por aquel niño, era él quien realmente me estaba ayudando a mí. Ese niño me ofreció un dibujo y una gran sonrisa. Me recordó que el amor se puede difundir en cualquier circunstancia, limpio o sucio. Él me ayudó a mirar lo bueno.

TÚ DECIDES LA HISTORIA

Casi todas las situaciones tienen dos caras.

Podemos pensar de una forma y ser pesimistas.

O podemos pensar de otra forma y ser optimistas.

Ninguna es necesariamente superior a la otra.

Sin embargo, cómo vemos a Dios, nuestro papel en la tierra, y lo que nos depara el futuro influye en nuestra perspectiva de la vida y cómo veremos las cosas. Dios nos permite escoger.

En lo personal, tengo una visión muy positiva del futuro. Tiendo a ser bastante optimista, y creo que cada día nuestra función es amar a otros lo mejor que sepamos.

Lo que me fascina es que muchos cristianos hoy día tienen una visión negativa del futuro por lo que alguien les dijo con respecto al libro de Apocalipsis o lo que las noticias les cuentan, o porque sienten que en este punto ya no hay esperanza alguna.

Estoy aquí para decirte que no tiene por qué ser así.

Está bien ir a contracorriente.

Está bien discrepar de la gente.

Tienes que decidir qué historia vas a contar.

En un minuto exploraremos cómo ha habido un crecimiento tremendo en los campos de ciencia, tecnología, y comunicaciones solo en las últimas décadas, pero existe esta extraña mentalidad entre muchos cristianos de no asociarse con el "mundo". Esto se debe principalmente a lo que se dice en círculos cristianos, que los "cristianos están en el mundo, pero no son del mundo". Nos enfocamos demasiado en lo espiritual, pero nos falta adueñarnos de la realidad material en la que participamos cada día. Nos identificamos con otro lugar, así que sentimos que ya no es nuestra responsabilidad cuidar del lugar en el que estamos viviendo actualmente.

Dios está presente en el mundo material tanto como en el mundo espiritual. Nuestro rol sigue siendo el mismo. Traer el cielo a la tierra, ahora.

NUESTROS ROLES SIGUEN SIENDO LOS MISMOS:

TRAER EL CIELO A LA TIERRA

Dios nos creó con un propósito.

Él hizo los árboles con un propósito.

Hizo los granos de café con un propósito.

Hizo las relaciones, la familia, y la belleza con un propósito.

Estamos aquí, vivos, rodeados de bondad, y todo tiene un propósito.

¿Sabes cuán improbable es que tú y yo estemos vivos? Las probabilidades son de 1 entre 400 trillones.[1] Sin embargo, nos interesamos más por el *reality* de televisión porque nuestra vida nos aburre enormemente.

En las tradiciones cristiana y judía, a los profetas les solían llamar "videntes" porque ayudaban a las personas a mirar las cosas de modo diferente. Ayudaban a las personas a mirar las cosas desde la perspectiva de Dios y no desde la suya propia.

A medida que el cristianismo ha progresado, especialmente en América, la perspectiva de la profecía se ha distorsionado mucho. Pensamos que solo se usa para predecir el futuro, y cuando leemos a los profetas del Antiguo Testamento nos cuesta trabajo entenderlos, así que nos los saltamos y decimos que todo lo que dijeron estaba señalando a Jesús.

Eso es cierto y legitima la necesidad del Antiguo Testamento, en primer lugar; pero la profecía en sí funciona de otro modo. Los profetas no estaban preocupados por el significado escondido de sus palabras proféticas. Estaban enfocados en su situación actual, leyendo los tiempos y entendiendo su realidad presente.

El rol del profeta es rechazar la narrativa dada acerca de dónde se dirige la creación y volverla a imaginar a la luz de la comunidad con la que está trabajando. Entonces y ahí. Aquí y ahora.

La mentalidad funesta que muchos cristianos tienen hoy día no refleja con precisión la realidad de lo que significa ser cristiano en el siglo XXI. Toda esta mentalidad tiene que cambiar.

Tenemos que despertar.

Dios está vivo y activo.

Qué desalentador es perderse todo lo que Él está haciendo a nuestro alrededor solo porque estamos atrapados por el temor y la preocupación. Qué testimonio tan terrible para los no creyentes.

Tenemos que decidir qué historia vamos a contar a la gente.

Y tenemos que reescribirla.

CONDICIONADOS A LA NEGATIVIDAD

Uno de los mayores hábitos que podemos adoptar es la antigua tradición de la gratitud. Por muy básico que pueda sonar, incorporar la práctica de la gratitud a nuestra vida diaria es una de las mejores cosas que podemos hacer por nuestra salud mental.

En la universidad de California, en Davis, el psicólogo Robert Emmons es un experto en la ciencia de la gratitud, y define la gratitud como "una afirmación de la bondad en la vida de uno y el reconocimiento de que las fuentes de esta bondad residen al menos parcialmente fuera de sí mismo".[2] Continúa argumentando que la gratitud es realmente salud y bien para nosotros. Dice que Dios nos ha hecho para estar agradecidos y que, cuando lo estamos, experimentamos las bendiciones de Dios, incluyendo felicidad y contentamiento.

Pero la gratitud no resulta fácil para muchas personas. Tenemos que trabajar hacia ella. Los estudios han revelado que el 50 por ciento de nuestra disposición emocional es genética, lo cual significa que el cambio es difícil para muchas personas.[3] La ansiedad, la depresión y el temor pueden ser paralizantes. Las personas batallan con la salud mental en cifras que nunca antes habíamos experimentado, o al menos para las que no teníamos palabras.

Más recientemente, los neurocientíficos han descubierto que todos nacemos con algo llamado un "condicionamiento a la negatividad", que es la tendencia a registrar y anclarnos en experiencias negativas más que en las experiencias positivas de la misma intensidad. El cerebro registra experiencias para aprender de ellas; las negativas a menudo nos ayudan a identificar cuándo algo es peligroso, y en el futuro protegernos. Es algo realmente increíble.

Hasta que no lo es.

Hasta que el cerebro está siempre en alerta máxima por peligros, y eso nos influencia para estar siempre pensando negativamente.

Las experiencias positivas, por el contrario, a menudo se olvidan antes de que acabe el día debido a esta mentalidad de lucha o huida. Hemos experimentado muchas cosas geniales en un día, pero el estrés de lo negativo supera a lo positivo.

Entonces, ¿de dónde proviene esto?

Se remonta muy, muy lejos, a nuestros ancestros en las llanuras de África, que no sabían si algo estaba escondido detrás del siguiente arbusto. Siempre alerta. Hay un árbol, hay una mariposa, hay una flor, todas ellas cosas hermosas, pero en cualquier momento podía salir un león. El condicionamiento a la negatividad es simplemente que tu cuerpo te está protegiendo de un peligro.

Puede ser algo positivo, hasta cierto punto. Si vas caminando por un sendero en una ladera montañosa, tu miedo a caerte te mantendrá presente y consciente de tu entorno. Es sencillo: no podemos permitir que esa voz de temor y negatividad hable con tal fuerza en ocasiones que realmente no suponen un riesgo para la vida.

A veces es difícil hacer ese cambio mental e ir en contra de nuestra naturaleza, pero es una de las mejores cosas en las que podemos entrenar la mente; no para ignorar la realidad de lo que está ocurriendo, sino para tratarlo y experimentarlo todo desde una perspectiva más amplia en lugar de dejar que las cosas pequeñas nos arruinen todo el día.

¿Derramamos el café en el pantalón?

¿Nos metimos en un atasco de tráfico?

¿Nuestro socio nos hizo un mal gesto esta mañana?

¿Realmente vamos a permitir que esas cosas nos molesten todo el día?

Si esperamos que sucedan cosas malas, sucederán. Del mismo modo, si esperamos que sucedan cosas buenas, sucederán. La mayoría de los días no están en ninguno de los dos extremos. La mayoría de los días son bastante promedio. Sin embargo, una experiencia negativa puede hacer que un día promedio parezca un día malo en lugar de tan solo un día promedio.

Sí, hay mucho por lo que enojarse en el mundo.

Pero también hay mucho de lo que asombrarnos.

Hay mucha maravilla y asombro a nuestro alrededor, si sabemos dónde buscarlo.

Y creo que ese es nuestro papel como creyentes: encontrar a Dios en todo, encontrar lo bueno a nuestro alrededor y destacarlo. Y compartirlo con otros, igual que los profetas del Antiguo Testamento intentaban hacer.

Se supone que debemos traer el cielo a la tierra.

VOLVER A CABLEAR

Lo peor que podríamos hacer es creer que mañana las cosas serán iguales que hoy, o peores.

En el libro de Éxodo encontramos a un hombre llamado Moisés. En un tiempo en el que los israelitas se estaban multiplicando a un ritmo alarmante, Faraón ordenó que todos los bebés varones fueran arrojados al río Nilo (¿recuerdas el gran río de Egipto del que hablamos antes, junto al Creciente Fértil?).

Pero la mamá de Moisés no podía asimilar la idea de que mataran a su bebé, así que lo puso en una cesta en el Nilo como una manera de protegerlo.

La hija de Faraón encontró al bebé hebreo y decidió adoptarlo, criándolo en la realeza egipcia.

A medida que Moisés crecía, iba teniendo más poder y autoridad entre el pueblo. Aunque externamente quizá parecía contento, y otros hebreos quizá incluso podrían tener celos de la vida que tenía Moisés, él estaba experimentando una batalla interna. Observaba la brutalidad que su pueblo sufría diariamente. Verás, los hebreos eran esclavos de los egipcios, y la tarea de los hebreos era hacer ladrillos.

Uno tras otro.

Ladrillo.

Ladrillo.

Ladrillo.

La historia sigue describiendo el día en el que Moisés se enojó y mató a un guardia egipcio por golpear a uno de los hebreos. Cuando Moisés se dio cuenta de que alguien lo había visto, huyó del país por temor.

Adelantándonos casi cuarenta años en el tiempo, Dios usó a Moisés para hacer diez milagros delante del nuevo Faraón, con la esperanza de que liberara a su pueblo de la esclavitud.

El primero fue convertir el río Nilo en sangre.

El segundo fue una plaga de ranas.

El tercero fueron piojos.

El cuarto mosquitos.

El quinto fue la muerte de todo el ganado de los egipcios.

Y úlceras.

Y granizo.

Una plaga de langostas.

Una oscuridad total durante tres días.

Y, finalmente, la muerte de todos los primogénitos egipcios.

La última llevó al Faraón al límite, y permitió que todos los hebreos se fueran libres. Pero cuatrocientos años de esclavitud no desaparecen de un pueblo de la noche a la mañana. Los hebreos necesitaron cuarenta años caminando por el desierto para poder sacarse de su cabeza la mentalidad egipcia.

Piensa en ello un momento. Ahora era:

Ladrillo.

Ladrillo.

No más ladrillos.

Su valía ya no estaba en cuántos ladrillos podían producir. Su valía ahora estaba en el sencillo hecho de que eran el pueblo escogido de Dios. Imagínate cuán extraño tuvo que ser para ellos; tener que cambiar su mentalidad profundamente arraigada en un instante era casi imposible.

Y a nosotros nos ocurre lo mismo.

Podemos atascarnos tanto en todo lo que está sucediendo a nuestro alrededor y ceder al condicionamiento a la negatividad con la que estamos luchando constantemente, que un cambio de ritmo real puede ser algo muy difícil. Tenemos que desconectarnos de nuestra manera normal de pensar y renovar nuestra mente cada mañana.

Pablo le dice a la iglesia filipense:

Estén siempre llenos de alegría en el Señor. Lo repito, ¡alégrense! Que todo el mundo vea que son considerados en todo lo que hacen. Recuerden que el Señor vuelve pronto. No se preocupen por nada; en cambio, oren por todo. Díganle a Dios lo que necesitan y denle gracias por todo lo que él ha hecho. Así experimentarán la paz de Dios, que supera todo lo que podemos entender. La paz de Dios cuidará su corazón y su mente mientras vivan en Cristo Jesús. Y ahora, amados hermanos, una cosa más para terminar. Concéntrense en todo lo que es verdadero, todo lo honorable, todo lo justo, todo lo puro, todo lo bello y todo lo admirable. Piensen en cosas excelentes y dignas de alabanza. No dejen de poner en práctica todo lo que aprendieron y recibieron de mí, todo lo que oyeron de mis labios y vieron que hice. Entonces el Dios de paz estará con ustedes. (Filipenses 4:4-9, NTV)

Haz esto.

Y Dios estará contigo.

Piensa en estas cosas.

Y Dios estará contigo.

Como creyentes, tenemos que aprender a renovar nuestra mente para ser más como Cristo. Mirar las cosas desde su perspectiva y no desde la nuestra. Tus lentes afectan profundamente cómo interactúas con la vida, cómo amas a Dios, y cómo amas a los que te rodean.

Vivir como un cristiano significa expandir el cielo en la tierra hoy y tener fe en un mundo totalmente renovado en el futuro, para todos.

EL VERDADERO ESTADO DEL MUNDO

Muchos cristianos hoy día están atascados en la mentalidad de que el mundo se está viniendo abajo, que los "buenos tiempos" hace mucho que se fueron, y que ahora estamos descendiendo en picado hacia la destrucción. No ayuda que estamos expuestos a casi cinco mil anuncios cada día, y que la mayoría de las cadenas de noticias raras veces se enfocan en lo bueno que está sucediendo porque eso no vende tanto.

Pero ¿realmente las cosas están empeorando? Veamos los hechos.

Está claro que antes del año 2020 y la emergencia de la COVID-19, los datos extraídos de Our World in Data (OWID) y reportados en varios noticieros dieron el apabullante veredicto de que, de hecho, el mundo está mejorando. Dylan Matthews, que escribe para *Vox*, presentó veintitrés mapas de OWID y otras fuentes que mostraban la mejora en cuatro grandes áreas:[4]

PROGRESO ECONÓMICO

1. La pobreza extrema, el hambre y el trabajo infantil han disminuido.

2. En países desarrollados, la gente tiene más tiempo de esparcimiento.

3. En los Estados Unidos, el porcentaje de ingreso gastado en comida ha bajado.

SALUD

1. La expectativa de vida está aumentando.

2. La mortalidad infantil y la muerte en el alumbramiento han disminuido.

3. En los Estados Unidos, el índice de tabaquismo y embarazo adolescente son bajos.

PAZ Y SEGURIDAD

1. A largo plazo, los índices de homicidio en Europa Occidental han caído drásticamente.

2. En los Estados Unidos, los índices de homicidio también son bajos, y los delitos con violencia están descendiendo.

3. El suministro de armas nucleares se ha reducido.

GOBIERNO, SERVICIOS SOCIALES Y TECNOLOGÍA

1. Ahora hay más personas que viven en una democracia.

2. Más personas estudian en la escuela por más tiempo, y el alfabetismo está subiendo.

3. El acceso al Internet está aumentando.

4. La energía solar se está abaratando.

La lista continúa. Sin embargo, a pesar de esta mejora social, la percepción de muchas personas es que las cosas realmente están empeorando.

Max Roser, escritor de OWID, discute esta percepción errónea. Con respecto a la pobreza global, escribe: "La mayoría de las personas (el 52%) cree que la cantidad de personas que están en pobreza extrema está aumentando. Lo cierto es que es al revés. De hecho, la cantidad de gente que vive en pobreza extrema en todo el mundo lleva dos siglos disminuyendo, y en los últimos 20 años este desarrollo positivo ha sido más rápido que nunca".[5]

También destaca que el 61% de los encuestados creen, contrariamente a los hechos, que la mortalidad infantil o se ha mantenido igual o ha aumentado. Continúa argumentando que las percepciones erróneas con respecto a estos asuntos "alimentan un descontento general sobre cómo está cambiando el mundo", con solo un 5% de los encuestados en los EE. UU. que dicen que el mundo está mejorando. Además, el 29 por ciento de los encuestados creen que las condiciones de vida disminuirán en el futuro.

Si conduces por el país de Bután, puede que te encuentres señales en la carretera que dicen cosas como "La vida es un viaje. ¡Termínalo!" y otros mensajes de ánimo, porque en la década de 1970 tomaron la decisión de cambiar el modo en que veían la salud del país.

En lugar de medir el progreso por el Producto Interior Bruto (PIB), que es lo que hacen la mayoría de los países, ellos decidieron enfocarse en medir la Felicidad Nacional Bruta y mirar "la salud espiritual, física, social y del entorno de sus ciudadanos y el entorno natural".[6] El gobierno de Bután se interesa más por el bienestar de sus ciudadanos que por el avance del poder político.

¿Y cuál es el resultado?

Las personas son más felices.

Viven más tiempo.

Sus recursos naturales están prosperando.

Todo por hacer un simple cambio de enfoque.

Cuando yo era un niño, pensaba que era el más popular. Tenía una seria obsesión con la música rap, y mi amiga Courtney tenía un hermano mayor que poseía todos los CD de rap que te pudieras imaginar. No hace falta decir que, cada vez que iba a su casa, era el cielo para mí.

En ese entonces, si tenías un estéreo portátil podías grabar un CD en una cinta de casete, pero tenías que sentarte y escuchar todo mientras la canción se estaba pasando de un lugar al otro. Eso no era problema para mí, porque el hermano de Courtney tenía toda la música que yo pudiera querer.

Solo un pequeño problema: mis padres no me dejaban escuchar la mayor parte de esa música.

Por lo tanto, iba a escondidas. Lo grababa todo en una cinta de casete y después escribía o bien "Spice Girls" o "Hanson" por fuera para que no se enteraran. Era ingenioso.

También pensaba que yo era súper popular porque tenía un monopatín en línea. Es una manera sofisticada de decir que patinaba por la pista de patineta, fingiendo que podía subirme por los rieles y hacer saltos, cuando la verdad era que no se me daba tan bien, pero me ponía los auriculares y me quedaba allí durante horas.

Aunque mi ingesta consistía en basura, la apariencia externa era linda e inofensiva.

Este suele ser el caso de gran parte del contenido que consumimos hoy día, especialmente en las redes sociales y en las noticias. Aunque cada entrada y cada historia enseña lo mal que están las cosas en el mundo, no nos damos cuenta de cómo están influyendo en nuestro enfoque de la vida porque, para nosotros, sencillamente estamos al tanto de lo que está sucediendo globalmente.

Mi mamá siempre me decía: "Zach, recuerda: basura que entra, basura que sale".

Odiaba esa frase por lo convincente que era.

Pero es cierto.

¿Con qué llenamos nuestra mente que se manifiesta de forma negativa?

Tal vez sean las noticias, quizá sea un amigo que está obsesionado con teorías conspirativas, o cierto tipo de música, o una relación.

Nos preguntamos por qué estamos ansiosos o tenemos una perspectiva negativa de la vida, pero nunca nos detenemos a hacer inventario de lo que estamos consumiendo.

Mejoremos en eso. Reemplacemos la negatividad por contenido que aumente nuestra fe y nos anime a impactar el mundo de una manera más positiva.

Nuestra perspectiva es algo increíblemente poderoso. Lo que buscas lo encontrarás, ya sea un estado de paraíso o un montón de niebla. No podemos pasar por alto las cosas buenas que están ocurriendo en nuestra vida diaria, incluso en medio de las dificultades.

Todos somos parte de algo mucho más grande que solo lo que tenemos delante. Somos parte de un panorama que no deja de cambiar y que constantemente está mejorando en muchos aspectos. Se trata de cómo lo miramos.

Yo no voy a emplear más tiempo mirando por el espejo retrovisor de mi vida. Sé lo que estoy llamado a hacer, y voy a usar todo lo que hay en mí para extender el cielo en la tierra en el presente. No voy a ignorar las malas noticias; voy a usarlas como una inspiración para encontrar una solución.

Tú y yo estamos llamados a provocar un cambio,

a traer el reino,

a mostrar la bondad de Dios.

Porque tú y yo no somos como el resto del mundo.

Somos una nueva creación.

3

NUEVA CREACIÓN

La historia de nuestra creación no conlleva violencia.

Tú y yo no fuimos creados para hacer que las vidas de los "dioses" sean más fáciles.

El único Dios verdadero creó al hombre y dijo que era "muy bueno".

Sin embargo, durante el tiempo de la historia de los antiguos hebreos las personas eran bombardeadas con diferentes explicaciones del porqué estaban vivos, de cuál era el punto de todo lo que estaban experimentando.

Imagínate ser hebreo, preguntándote por la vida después de ser conquistado con violencia por los babilonios y exiliado de tu tierra. En aquellos tiempos, probablemente se les habría enseñado lo que se conoce como la historia babilónica de la creación, que se habría contado de una manera similar a lo siguiente:

Hace mucho, mucho tiempo, había unos dioses jóvenes y otros ancianos. Apsu y Tiamat eran dos de los dioses ancianos, y estaban empezando a enfrentarse.

Apsu era el dios del agua dulce. Tiamat era la diosa del agua salada. Los dos se mezclaban constantemente en este estado no creado. Un poco de agua salada aquí, un poco de agua dulce allá. Mezclándose y creando caos. (¿Te suena familiar?).

Los dioses jóvenes actuaban contra los dioses ancianos y no respetaban el orden social de su tiempo, así que Apsu responde con violencia ante su idiotez, suponiendo que Tiamat lo respaldaría, considerando que eran los dioses ancianos de ese entonces. Pero Tiamat decidió unirse a los dioses jóvenes con la esperanza de tener una supremacía completa.

Tiamat pasaba tiempo formando un ejército de bestias del inframundo para representarles a ella y su propuesto nuevo orden mundial. Estos tipos tenían un aspecto malvado y asustaban incluso a la persona más dura.

Los dioses ancianos no sabían qué hacer, porque no encontraban a nadie de su lado lo suficientemente fuerte para luchar contra el caótico ejército de canallas que Tiamat había organizado.

Hasta que llegó un día en el que Marduk entró en escena.

Era poderoso.

Era un líder.

Tenía todo lo que necesitaba para vencer a Tiamat.

Había una estipulación. Marduk solo estaba de acuerdo en luchar a favor de los dioses ancianos mientras se le nombrara jefe del panteón.

Los dioses accedieron.

Era el momento de prepararse para la batalla.

Con una maza en una mano y rayos en la otra, Marduk estaba listo para atacar. Se cubría el cuerpo con fuego y tenía una red para atrapar a Tiamat en caso de que intentara pasarse de la raya.

Marduk organizó a los cuatro vientos:

Norte.

Sur.

Este.

Oeste.

Reunidos en un ciclón que además era un carro para ir a la batalla, Marduk rodea al ejército y va directamente hacia Tiamat, las aguas caóticas que ahora tenían forma de un dragón marino. (¡¿Qué?! Sí, lo sé. Es raro).

Marduk lanza el ciclón a la boca de Tiamat, abriéndosela lo suficiente como para lanzar una flecha que le entra por la garganta y va directa al corazón.

Aunque parezca una locura, funcionó. Marduk, claro está, actuaba como si supiera lo que estaba haciendo, pero estoy seguro de que también se sorprendió un poco.

Ahora era el vencedor.

El salvador del mundo.

La cabeza legítima del panteón.

Y era el momento de recrear el orden mundial.

Marduk abre en canal el cuerpo de Tiamat desde la cabeza hasta los pies, dividiéndolo en dos y usando la mitad de su cuerpo para crear el cosmos. De ahí, Marduk ordenó las estrellas, la luna y las constelaciones.

No había terminado. Él y todos los dioses estaban cansados de trabajar, así que persiguió a Kingsi, el socio de Tiamat, y drenó su sangre para crear al hombre para que trabajara por ellos.

Se construyó entonces la primera ciudad: Babilonia.

Y al hebreo que había hecho la pregunta sobre la vida, se le habría dicho: "Y ahí es donde estamos hoy, en Babilonia, la ciudad más grande del mundo, y nuestro dios Marduk es el más poderoso que existe".

Es una historia loca, y para las personas de entonces tenía una gran influencia en cómo veían la vida. ¿Te imaginas que creyéramos que los seres humanos vinieron de una matanza y violencia divina? ¿Cómo afectaría eso la manera en que valoramos y tratamos la vida humana? Asombroso.

La historia de los orígenes que acabo de contar se llama Enuma Elish, y se extendió en Babilonia y el antiguo Cercano Oriente, más popularmente bajo el rey Hammurabi.[1] Sin embargo, cada grupo en la historia tuvo su propio relato de la creación, y muchos tenían similitudes entre ellos, como el caos en las aguas, una historia de un diluvio, la creación del hombre, serpientes que hablan, etc. Por lo tanto, el hecho de que la tradición judía y cristiana tenga una historia de la creación no es algo único.

Lo que hace que la nuestra sea distinta es lo que dice.

Nuestra historia de la creación es hermosa.

LA HISTORIA HEBREA DE LA CREACIÓN

La historia de la creación que yo comparto, y supongo que tú también, es la que se encuentra en el libro de Génesis.

Es un poema hermoso. Una historia de un origen con una guía. Un nuevo modo de pensar. Así que, mientras la lees en las siguientes páginas, aborda el texto con una mirada nueva. Intenta entender la importancia de la historia en relación con la audiencia original.

Dios, en el principio, creó los cielos y la tierra. La tierra era un caos total, las tinieblas cubrían el abismo, y el Espíritu de Dios se movía sobre la superficie de las aguas. Y dijo Dios: «¡Que

exista la luz!». Y la luz llegó a existir. Dios consideró que la luz
era buena y la separó de las tinieblas. A la luz la llamó «día»,
y a las tinieblas, «noche». Y vino la noche, y llegó la mañana:
ese fue el primer día. Y dijo Dios: «¡Que exista el firmamento
en medio de las aguas, y que las separe!». Y así sucedió: Dios
hizo el firmamento y separó las aguas que están abajo, de las
aguas que están arriba. Al firmamento Dios lo llamó «cielo».
Y vino la noche, y llegó la mañana: ese fue el segundo día. Y
dijo Dios: «¡Que las aguas debajo del cielo se reúnan en un
solo lugar, y que aparezca lo seco!». Y así sucedió. A lo seco
Dios lo llamó «tierra», y al conjunto de aguas lo llamó «mar».
Y Dios consideró que esto era bueno. Y dijo Dios: «¡Que haya
vegetación sobre la tierra; que esta produzca hierbas que den
semilla, y árboles que den su fruto con semilla, todos según su
especie!». Y así sucedió. Comenzó a brotar la vegetación: hierbas que dan semilla, y árboles que dan su fruto con semilla,
todos según su especie. Y Dios consideró que esto era bueno. Y
vino la noche, y llegó la mañana: ese fue el tercer día. Y dijo
Dios: «¡Que haya luces en el firmamento que separen el día de
la noche; que sirvan como señales de las estaciones, de los días
y de los años, y que brillen en el firmamento para iluminar la
tierra!». Y sucedió así. 16 Dios hizo los dos grandes astros: el
astro mayor para gobernar el día, y el menor para gobernar
la noche. También hizo las estrellas. Dios colocó en el firmamento los astros para alumbrar la tierra. Los hizo para gobernar el día y la noche, y para separar la luz de las tinieblas. Y
Dios consideró que esto era bueno. Y vino la noche, y llegó la
mañana: ese fue el cuarto día. Y dijo Dios: «¡Que rebosen de
seres vivientes las aguas, y que vuelen las aves sobre la tierra
a lo largo del firmamento!». Y creó Dios los grandes animales
marinos, y todos los seres vivientes que se mueven y pululan
en las aguas y todas las aves, según su especie. Y Dios consideró que esto era bueno, y los bendijo con estas palabras:

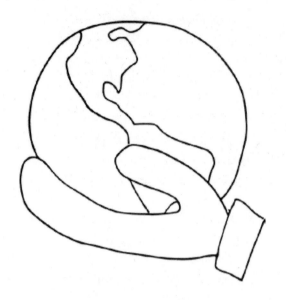

«Sean fructíferos y multiplíquense; llenen las aguas de los mares. ¡Que las aves se multipliquen sobre la tierra!». Y vino la noche, y llegó la mañana: ese fue el quinto día. Y dijo Dios: «¡Que produzca la tierra seres vivientes: animales domésticos, animales salvajes, y reptiles, según su especie!». Y sucedió así. Dios hizo los animales domésticos, los animales salvajes, y todos los reptiles, según su especie. Y Dios consideró que esto era bueno, y dijo: «Hagamos al ser humano a nuestra imagen y semejanza. Que tenga dominio sobre los peces del mar, y sobre las aves del cielo; sobre los animales domésticos, sobre los animales salvajes, y sobre todos los reptiles que se arrastran por el suelo». Y Dios creó al ser humano a su imagen; lo creó a imagen de Dios. Hombre y mujer los creó, y los bendijo con estas palabras: «Sean fructíferos y multiplíquense; llenen la tierra y sométanla; dominen a los peces del mar y a las aves del cielo, y a todos los reptiles que se arrastran por el suelo». También les dijo: «Yo les doy de la tierra todas las plantas que producen semilla y todos los árboles que dan fruto con semilla; todo esto les servirá de alimento. Y doy la hierba verde como alimento a todas las fieras de la tierra, a todas las aves del cielo y a todos los seres vivientes que se arrastran por la tierra». Y así sucedió. Dios miró todo lo que había hecho, y consideró que

era muy bueno. Y vino la noche, y llegó la mañana: ese fue el
sexto día.   (Génesis 1:1-31, NVI)

En primer lugar, ¿podemos reconocer lo incondicional que es que, en nuestra historia, YHWH está moviéndose por encima de las aguas donde estos "dioses principales" (Apsu y Tiamat) supuestamente se originaron? Y lo único que tiene que hacer es hablar. Es un puñetazo en la cara para sus vecinos.

Dios habla, y las cosas se crean. No hay resistencia alguna.

La luz.

El cielo.

La tierra.

Los mares.

Las plantas.

El sol y la luna.

Los animales.

El hombre.

Durante tres días Dios separó las cosas, y los tres días siguientes las llenó.

Después de cada cosa que Dios creó, dijo: "Es bueno". Literalmente, vemos esta comunidad divina de amor recibiendo gozo mediante las cosas creadas.

Él te creó y dijo que eras bueno.

Él me creó y dijo que yo era bueno.

Nuestro origen está basado en la bondad.

Y nuestro Dios no tiene rivales.

¿Cuáles son algunas de las cosas que tú dices que son buenas?

Los *brownies* son buenos.

Las amistades son buenas.

Hay una empresa de hamburguesas en California que yo diría que es *muy* buena.

Por lo tanto, mientras se estaban escribiendo y organizando las Escrituras hebreas cuando ellos estaban en el exilio, esta es la historia a la que los israelitas se aferraban. Su historia estaba llena de amor, de generosidad y bondad, sin violencia ni destrucción como las otras. Su historia era distinta; por lo tanto, claro que perduró. Por supuesto que la leían y significaba algo para ellos. Estaba en rotunda oposición con lo que se les estaba enseñando. Estaban viendo cómo ser optimistas en una sociedad pesimista.

En palabras del autor y profesor Walter Brueggemann: "El texto anuncia el misterio más profundo: Dios desea tener y tendrá una relación fiel con la tierra. El texto invita a la comunidad que escucha a celebrar esa realidad".[2]

Para mí, Dios nos está diciendo:

Todo esto es bueno.

Ya no tienes que trabajar para mí.

Quiero tener una relación contigo.

Yo creé todo para tu beneficio, no para el mío.

¡Esto es increíble! Los prisioneros del imperio babilónico ahora tenían la capacidad de imaginar una realidad alternativa que era opuesta a la historia del origen del imperio mismo. Increíble.

✳ ✳ ✳

El primer juego de video al que jugué fue *The Oregon Trail* en la clase de informática de la escuela primaria. Nuestros maestros decían que el juego era educativo, pero lo único que recuerdo es cazar y morir de disentería, sea eso lo que sea. Si tu personaje viajaba con éxito desde Misuri hasta Oregón, recibías puntos extra con base en cuántos más sobrevivieran y las posesiones que hubieran adquirido durante el recorrido.

Lo divertido de los juegos de video es que a menudo nos permiten mirar la vida desde una perspectiva distinta, así como pudieron hacer los hebreos.

Y lo que es más divertido todavía es que cuando Dios dijo: *Sean fructíferos y multiplíquense; llenen la tierra y sométanla,*[3] quería decir que Adán y Eva ahora eran cocreadores con Dios. Ahora lo representaban a Él en la tierra. No solo tenían que proteger el Edén, sino también expandir sus fronteras hasta los confines de la tierra, básicamente llenando la tierra con la presencia de Dios, para disfrutar juntos del mundo entero.

Este era el plan original.

Y esto es a lo que Dios quiere que regresemos.

Tu visión del mundo y nuestro papel en él están basados en la comprensión de este punto: expandir la presencia de Dios en la tierra.

JESÚS COMO NUEVA CREACIÓN

Jesús tenía un primo, Juan el Bautista, que habría sido muy extraño según los estándares actuales. Se pasaba los días en el desierto, apartado de todos y de todo, empapándose en la presencia de Dios y esperando que llegara su hora.

Juan tenía una gran responsabilidad: dar entrada al Mesías.

Cuando María, la madre de Jesús, fue a visitar a su prima Elisabet para contarle la noticia de su embarazo, Elisabet también estaba embarazada por ese entonces. La historia dice que cuando María entró en la habitación, Juan comenzó a gozarse dentro del vientre de Elisabet.[4] Él reconoció la presencia de Dios incluso antes de nacer. Así que Juan pasó toda su vida preparando la anunciación del Mesías: su primo Jesús.

En el judaísmo, había algo llamado la *mikveh*.[5]

Una *mikveh* era una limpieza ceremonial que se exigía para poder entrar a la presencia de Dios dentro del templo.

Aunque la iglesia americana actual hable en contra de los fariseos y la Ley, la intención original detrás de cada ritual era hermosa. Tenían a Dios en alta estima y respeto; por lo tanto, una *mikveh* tenía la intención de ser un acto de respeto antes de entrar a la presencia de Dios. Pero algunas personas llevaron la religiosidad del acto demasiado lejos, y esto inhibió el acceso a Dios.

Juan el Bautista adoptó un enfoque distinto.

Él fue directamente al río Jordán y comenzó a bautizar personas, preparándolos para el rey venidero, en lugar de abordarlo desde un sentido tradicional.[6]

Primero hay que entender lo simbólico que era eso.

El río Jordán era donde Dios recreó la separación de las aguas del Mar Rojo para los hebreos.

Era la entrada a la Tierra Prometida.

Y Juan, al invitar a las personas directamente al agua en lugar de pedirles que pasaran por el ritual de la *mikveh*, estaba diciendo que ya no necesitaban el sistema porque podían ir por ellos mismos directamente a Dios.

Cada parte de esta historia era importante.

Debido a lo que Juan estaba haciendo, la gente comenzó a preguntarse si él mismo sería el Cristo, pero Juan dijo: *Yo a la verdad os bautizo en agua; pero viene uno más poderoso que yo, de quien no soy digno de desatar la correa de su calzado; él os bautizará en Espíritu Santo y fuego.*[7]

Un día, Jesús llegó desde Galilea hasta el río Jordán para que su primo lo bautizara. Aunque parecía que era Jesús quien debería bautizar a Juan, el bautismo de Jesús era necesario para cumplir su llamado. Así es como sucedió:

Y Jesús, después que fue bautizado, subió luego del agua; y he aquí los cielos le fueron abiertos, y vio al Espíritu de Dios que descendía como paloma, y venía sobre él. Y hubo una voz de los cielos, que decía: Este es mi Hijo amado, en quien tengo complacencia.[8]

¿Te suena un tanto familiar?

Piensa en Génesis 1, nuestra historia de la creación.

Jesús entra en el agua, que es un caos, y cuando sale, se escucha una voz divina que dice: "Este es mi Hijo amado".

Cada lector judío va a entender la importancia de este momento. Esto simboliza una creación completamente nueva. Un nuevo Adán. Vida. El mundo solía ser desconocido, caótico, y es ahí donde entra en escena la nueva creación. Las cosas ahora son distintas.

¿Y cómo nos bautizaría Jesús? Con el Espíritu Santo y fuego.

En Isaías 40–55 vemos cuán estrechamente conectado está el Espíritu Santo a la nueva creación.

Todo tiene que ver con una nueva creación.

Cuando comienzas una relación con Jesús, estás adoptando esta nueva creación para que, cuando Dios Padre te mire, vea la transformación de su Hijo Jesús dentro de ti.

LA NUEVA CREACIÓN FINAL

Mientras más estudio la Biblia, más me doy cuenta de cuán torcidas están muchas de nuestras ideas acerca de las Escrituras, especialmente en lo tocante a los últimos tiempos. Las personas hacen generalizaciones sobre el libro de Apocalipsis, diciendo que hay cosas terribles que están a punto de suceder, y cuán enojado está Dios.

Muchas veces podemos compartir esperanza con los que no la tienen y, sin embargo, nosotros no tenemos esperanza.

La Biblia nos muestra que el mundo fue creado en paz y armonía y termina con paz y armonía, no con violencia.

Tenemos que leer la historia completa.

La última escena del libro de Apocalipsis termina con la Nueva Creación, una fusión del cielo y la tierra. No es una historia sobre cómo vamos al cielo cuando nos muramos y los castillos de oro que tendremos en las nubes por la eternidad.

Eso es completamente falso.

El mensaje de la Biblia siempre ha sido y siempre será acerca del reino de Dios en la tierra, así como lo es en el cielo. Se trata de arreglar las cosas, en el mundo material presente y en el futuro.

Dios no creó toda esta bondad y belleza solo para hacerla volar un día y destruir su creación. No, Él será fiel y redimirá lo que comenzó, transformando de nuevo el mundo al llevarlo al plan original del Edén extendido por toda la tierra.[9]

N. T. Wright escribe en su libro *Simply Good News* [Sencillamente buenas nuevas]:

El punto es que el significado de las buenas nuevas cambia radicalmente dependiendo de lo que creas que significan: "Así es como sales de este universo y vas a otro lugar llamado cielo", o si crees que significa: "Así es como Dios está rehaciendo toda la creación y ofreciéndote una nueva vida corporal en ella". Si se nos ha prometido un cielo nuevo y una tierra nueva, todo un universo nuevo en el que el espacio de Dios y nuestro espacio se unen de una vez y para siempre, y eso es lo que dicen los escritores del Nuevo Testamento una y otra vez, entonces la buena nueva es una noticia sobre, y noticia *para*, toda la creación y no solo para unos pocos humanos que consiguen la contraseña mágica que les permite ser libres para entrar finalmente en el cielo".[10]

La nueva creación es para todos.

Si la quieren.

LA NUEVA CREACIÓN

- ES PARA -

TODOS

En el libro de Filipenses, Pablo escribe a la iglesia allí y les explica que nuestra ciudadanía está en el cielo.[11] Entiendo que esto puede ser confuso, considerando lo que he estado diciendo. Mira esto. Roma estaba abarrotada en ese tiempo, todos vivían en la gran ciudad, así que no había paz y tranquilidad, ni vida suburbana a la que retirarse.

Cuando los soldados romanos regresaban de la guerra, básicamente no había ya más espacio para ellos en la ciudad, así que el gobierno romano creó colonias por todo el norte de Grecia para estos soldados romanos. Su papel no era regresar a Roma sino expandir la manera romana de vivir la vida entre estas nuevas colonias.

Por lo tanto, cuando Pablo les dice que su ciudadanía está en el cielo, es cierto, pero no es ahí donde se dirigirán finalmente. Tenían que enfocarse en sus entornos.

Para llevarlo un paso más allá, la palabra *apóstol* era en realidad el título de las personas del gobierno romano que tenían el trabajo de ir a las ciudades que acababan de conquistar y llevar allí la cultura. Su papel era llevar la cultura de Roma a nuevos lugares. Así, cuando Jesús envía a los apóstoles para ir a todo el mundo y extender las buenas nuevas, está aludiendo a la tarea de llevar la cultura de un reino a un nuevo lugar, a cada nuevo terreno al que fueran. Su papel era llevar el modo de vivir del cielo a la nueva colonia en la que vivieran, ya fuera en Filipo, la ciudad de Nueva York, o Madagascar.

Sin importar dónde estemos, viene la nueva creación final. Y nuestro papel ya ha sido promulgado. Somos cocreadores junto con Dios, agentes activos de la historia que damos la bienvenida al reino venidero, ampliando las estacas del Edén a nuestra vida cotidiana, en nuestras comunidades, por todo el mundo.

Fuimos hechos a imagen de Dios.

Lo representamos a Él.

Él quiere usarnos para enderezar las cosas.

Lo único que quiere es que su pueblo diga: "Sí, úsame, Señor".

Hay una frase que usaban muchos rabinos judíos de la antigüedad: *tikkun olam.*[12]

Tikkun se puede traducir como "reparar".

Arreglar.

Mejorar.

Construir sobre.

Crear.

Olam significa "el mundo".

Por lo tanto, *tikkun olam* tiene que ver con cualquier actividad que mejora el mundo que nos rodea, creando algo nuevo, algo mejor que lo que nos encontramos.

En el pensamiento judío, el mundo era bueno esencialmente, pero Dios dejó lugar para que nosotros lo trabajáramos, para que creáramos juntamente con Él.

¿Cómo hacemos eso?

Día a día, con sencillos actos de bondad y obediencia.

Formando una familia que glorifique a Dios.

Defendiendo a los que sufren y los marginados.

Alimentando a los hambrientos.

Escuchando.

Haciendo reír a tus amigos.

Siendo una persona de paz.

Siendo amable.

Invitando a tu vecino a un café.

Llevando esperanza a los que no la tienen, genuinamente.

TU HISTORIA DE LA CREACIÓN

Muéstrame la historia de la creación que tú crees, la de tu Biblia, o una de Babilonia o cualquier otro lugar, y te diré qué tipo de vida vives.

¿Tiene que ver con la escasez y la violencia?

¿O trata sobre el gozo, la generosidad, la abundancia y la diversidad?

Un punto de vista conduce al optimismo mientras que el otro conduce a ver que el mundo se está desmoronando.

Génesis nos muestra cuán creativo y diverso es el amor de Dios.

Él puso la tierra aquí.

Y el cielo ahí arriba.

Y flores en tu jardín.

Y árboles en tu patio trasero.

Todo para el disfrute, porque las diferencias hacen que la vida sea asombrosa.

La primera vez que mi esposa se tiró encima de un montón de nieve, estaba llena de tierra y hielo. Se escuchó un golpe seco peculiar.

Yo no habría dejado que lo hiciera si hubiera sabido sus intenciones, pero ella abrió la puerta de golpe y se fue corriendo sobre el montón. Yo sabía que un montón de nieve en un estacionamiento es distinto al que hay en un campo de nieve virgen. Pero, para ella, todo era nieve y todo era nuevo, y todo era hermoso. Para mí, era tan solo... nieve. Yo crecí con ella y ya estaba insensibilizado a su belleza.

Por lo tanto, hicimos un muñeco de nieve llamado Tommy.

Era todo un muñeco de nieve con carbón por ojos, una zanahoria por nariz y una bufanda escocesa. Nuestros amigos Ethan y Allie nos ayudaron en nuestro trabajo, rodando bolas de nieve gigantes que necesitaron varias personas para levantarlas y ponerlas encima de las otras y para asegurarse de que el estilo de Tommy fuera realmente hermoso.

¿Cuántos momentos nos perdemos por insensibilizarnos a la belleza? ¿Cuántos muñecos de nieve de familiares de Tommy nunca hemos construido porque hemos perdido el gozo de la creación?

Yo no quiero seguir siendo esa persona.

La Biblia sigue regresando al entendimiento de que es bueno estar aquí, es bueno ser humano, hagamos juntos un nuevo mundo, y restauremos todo lo que se perdió. Esa es la línea de pensamiento.

Las personas necesitan que alguien les diga lo que es posible, no cuán terribles son.

Vivimos en un mundo maravilloso. Dios nos entregó esta creación como un regalo. Cómo miremos la vida refleja cómo amaremos a otros.

Y Dios dijo que todo era bueno.

4

EL DÍA DE REPOSO

Cuando era niño, vomitaba mucho.

Había ciertos olores y entornos que me abrumaban y sacaban lo peor de mí; o, más bien, hacían que *saliera* lo peor de mí.

Observaba nervioso el reloj en la pared de la escuela cuando sus manecillas se acercaban cada vez más a la hora del almuerzo. Era abrumador porque, bueno, la cafetería solía ser mi lugar de "vómito" rutinario. Llegó a tal extremo, que la escuela me hizo comer en el salón de clase en lugar de la cafetería con todos los demás.

Mi maestro preguntaba en clase: "¿Alguien quiere ofrecerse como voluntario para comer con Zach hoy?".

Qué vergüenza.

Pero lo entiendo; la escuela lo captó, y no querían pasarse la vida limpiando. Mirando atrás, probablemente fue algo bueno. Si no me hubieran confinado a comer solo en el salón de clase, tal vez no habría conocido a mi amigo Dave, un nuevo en la ciudad. Él no me conocía a mí y yo no lo conocía a él. El primer día de cuarto de primaria nuestro maestro hizo esa temida pregunta, buscando a alguien que se ofreciera voluntario para comer conmigo. Como Dave no conocía a nadie, imagino que pensó: *Pero ¿cómo es posible? Yo comeré con este muchacho.*

Un paso valiente, Dave. Muy valiente.

Ese fue el primer día de una amistad que aún sigo apreciando. En ese entonces, fue de beneficio para Dave porque era nuevo, y fue beneficioso para mí porque necesitaba que alguien me ayudara en mi suicidio social de ser el niño solitario del almuerzo.

La situación mejoró un poco en los dos años siguientes. Mi cuerpo comenzó a manejar mejor el estrés; los maestros ya no pedían voluntarios para comer conmigo. La vida iba mejor. Descubrí el milagro mañanero de Pepcid AC y, por lo general, eso me daba una ventana de dos minutos antes de explotar.

Sin embargo, aunque las cosas iban mejor, el problema no estaba resuelto del todo. Una de las peores experiencias la tuve en un viaje a Canadá con el grupo de jóvenes de mi iglesia. Fue tan horrible, que se ha convertido en una de mis historias destacadas ahora que soy adulto. ¿No es extraño cómo funciona eso?

Nos dirigíamos a un campamento, a servir en esa propiedad y a ayudar a las personas. No estoy seguro de si las leyes de trabajo infantil permitirían cosas como las que hicimos en ese momento, pero los tiempos cambian y aprendemos de nuestras experiencias. Si lo recuerdas, el joven Zach no podía soportar ciertos olores y entornos. Ahora bien, no estoy intentando ser malo, pero había un niño en ese grupo al que claramente no le gustaba lavarse el cabello. Tal vez era alérgico al champú, no lo sé. Pero ese

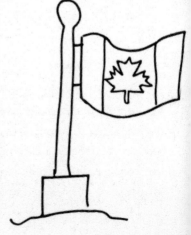

cabello parecía estar cubierto de cera. Básicamente, era una escultura de mantequilla estilo tupé de Elvis Presley. Casi se podía surfear en él.

Y se me revolvía el estómago cada vez que lo miraba.

Añade a ese cabello al DJ Tiësto que sonaba en el auricular de mi oído izquierdo del discman de mi amigo, y eso no era una buena combinación. Con cada sonido de bajo, mi estómago respondía. Con cada caída de ritmo, caía también mi confianza en poder soportar todo aquello. Tengo la escultura de cera delante de mí mientras escucho música club en un autobús repleto de adolescentes nerviosos.

No podía más.

Me pareció como una escena de *Misión imposible* llegar al baño de ese autobús. Pensé: *¿Dónde estaba mi ventana de dos minutos de margen?* Inevitablemente, no llegué. Y la peor parte de todo es que todos tuvieron que soportar el olor de mi fracaso las ocho horas que quedaban de viaje. Yo era *ese* niño. Al instante me convertí en enemigo público número uno.

La vida era muy frustrante por mi problema con los vómitos. Lo tuve desde la escuela primaria hasta la secundaria. Realmente no tenía ni idea de por qué me pasaba eso o cuál era el problema. Con el paso del tiempo, y a medida que me fui haciendo mayor, descubrí que mi papá y mi abuela lidiaron con el mismo problema en sus años de infancia.

¿La causa? Ansiedad.

Personas en todo el mundo se sienten ansiosas en alguna medida; sin embargo, es interesante que la ansiedad pueda comenzar a una edad tan temprana. ¿Cómo puede un niño de cuarto grado estar ansioso por la vida?

Es como si estuviera grabado en su sistema nervioso, y continúa hasta la vida adulta a menos que hagamos algo al respecto. En algún momento concreto debemos volver a escribir la narrativa.

Reescribir esa narrativa es algo que aún me cuesta hacer. Estar rodeado de una cultura que se mueve deprisa y de una mentalidad de no tener días libres siempre me ha parecido normal, parte de la cultura en la que he vivido.

Todo es no parar, no parar, no parar.

Muchos pensamos que nuestra productividad nos define. Y, si no podemos mantener el ritmo, sentimos que nos estamos quedando atrás, y por ello empujamos aún más fuerte.

Eso no está bien.

¿Acaso no dice Dios nada sobre el descanso? ¿Acaso no lo ordena en su Palabra?

Durante toda mi vida adulta he sido emprendedor. Y, durante mucho tiempo, el ajetreo era mi todo. Alardeaba de no haber tenido ni un día libre durante seis años seguidos, ni siquiera los festivos. No tuve unas vacaciones adecuadas durante una década. Trabajaba entre doce y dieciséis horas al día, siete días por semana. ¿Sabes lo que me provocó eso?

Me hizo estar enfermo y ansioso.

¿Te identificas con algo de lo siguiente?

Tengo miedo al fracaso.

Tengo miedo a decepcionar a las personas.

Tengo miedo a no poder cuidar de mi familia.

Batallo con mi valía.

Siento que siempre necesito mejorar algo.

Siento que estoy solamente a un día de perderlo todo.

Pienso que puedo controlar los resultados.

Me pregunto de qué se trata todo esto.

Me cuestiono mi llamado.

Me pregunto por qué estamos aquí.

Me comparo con otros.

Tengo que ser el último que quede en pie.

Lucho con el síndrome del impostor.

Me impaciento cuando las cosas van demasiado lentas.

Siento la necesidad de producir, producir, producir.

La lista podría continuar y no acabar. Pienso mucho en eso. También pienso en cómo sería la libertad, ¿no te pasa a ti? ¿Qué pasaría si viviéramos en contra de lo habitual? ¿Qué pasaría si finalmente sacáramos el tiempo para reescribir nuestra historia, nuestra narrativa? ¿Y si viviéramos una vida donde estuviéramos en paz, donde fluyera la creatividad, donde pudiéramos dar un paso atrás y respirar un poco?

Escapar de la cultura del ajetreo nos permite abrir los ojos a la bondad que Dios creó a nuestro alrededor. Podemos finalmente ser *seres* humanos en lugar de *hacedores* humanos. Podemos ser quienes Dios quiso que fuéramos.

EL DESCANSO COMO ALGO CONTRACULTURAL

¿Alguna vez has montado a caballo? No hablo de una feria o un carnaval, sino montar a caballo de verdad, en el campo. Es increíble. Cuando hice un viaje por las montañas, llegó a mi puerta una oferta para ir a montar a caballo.

Nos despertamos ese día y estaba diluviando. Eso debería haberme servido de señal con respecto a cómo iba a transcurrir el día, como si Dios me estuviera diciendo: "¡Quédate en la casa!". Pero al final fuimos, después de ponerme una gran cantidad innecesaria de capas para protegerme de la meteorología. Sé que soy de

Minnesota, pero para ser sincero, no creo que a nadie le guste tener frío y estar mojado a la vez.

Al llegar al lugar para montar, teníamos dos opciones: quedarnos dentro donde estaba calentito y seco mientras los guías preparaban a los caballos, o quedarnos bajo la lluvia. Una decisión fácil, si me preguntaras. Sin embargo, en la cabaña olía a excremento de caballo. Era una situación a cuál peor, y estaba listo para aceptarlo. Ningún mal ambiente iba a arruinarme el día.

Finalmente, llegamos al establo para conocer a nuestros caballos antes de montar. Cada uno tenía algún nombre extraño, como Tenaz, Rayo, Valor, etc.

Imagino que no estoy del todo seguro de cuál sería un nombre normal para un caballo.

¿Jordan?

¿Tim?

¿Mercedes?

Quizá esos son más raros que Rayo y Tenaz.

Mi caballo se llamaba Venas.

"Qué nombre tan raro para un caballo", dije.

"Oh, eso es porque de vez en cuando le da alguna *vena*", respondió el guía, sonriendo después.

¿Qué quieres decir con 'de vez en cuando le da una vena'?".

No hubo respuesta.

Mis nervios aumentaron. Me encanta la aventura, pero no tenía ni idea de lo que estaba haciendo sobre un caballo, y mi seguridad ahora estaba en entredicho.

Nuestro guía abrió la puerta, y todos comenzamos a trotar por el campo a paso lento, acostumbrándonos a tener una bestia debajo de cada uno de nosotros.

Esto es fácil, pensé. *Sin ningún problema*. Es decir, hasta que el líder comenzó a moverse más rápido, dirigiéndose directamente hacia la base de una montaña y desapareciendo en el bosque. En este momento íbamos volando.

Yo iba dando botes, con las piernas moviéndose en direcciones en las que nunca se habían movido, y tuve que quitarme los lentes porque la lluvia seguía cayendo.

Todos parecían verdaderos vaqueros, menos yo. Estoy seguro de que parecía una muñeca de trapo con una sonrisa fingida en la cara, sin estar muy seguro de si era por la emoción o por no tener ni idea de hacia dónde iba.

Mientras avanzábamos por los caminos, dirigiéndonos hacia la montaña, llegamos a una bifurcación. Yo iba en medio del grupo, y todos los que iban delante de mí giraron hacia la derecha en el cruce, pero Venas tenía sus propios planes y cambió de idea de repente. ¡Hacia la izquierda!

La yegua se desvió, dejando a los caballos que venían detrás mordiendo el polvo. Sí, a eso se refería el guía cuando dijo que de vez en cuando le daba una "vena".

A ella no le importó la dirección que tomó el resto. Tenía sus propios planes, y yo era oficialmente un montañero, cabalgando en solitario. Pero ¿sabes qué? Algo ocurrió dentro de mí y seguí animando con los talones a mi caballo a ir más deprisa. Nada podía detenernos. Éramos libres.

A veces es importante ir contra lo establecido y cambiar de idea de repente, como hizo Venas. Cuando todos están girando a la derecha, está bien girar a la izquierda. Muchas veces, es así como encontramos la verdadera libertad, especialmente en nuestra cultura actual.

✳ ✳ ✳

Obedecer el día de reposo es un mandato dado a los israelitas dos veces en las Escrituras, pero probablemente es el mandamiento más ignorado para la mayoría de los gentiles hoy día. Tendemos a afirmar: "Yo siempre vivo en un estado de descanso", pero ¿es eso cierto? Tal vez sea tan solo una excusa para no frenar como debiéramos.

La primera ocasión en la que vemos el día de reposo como un mandamiento es cuando Moisés recibe los Diez Mandamientos en el libro de Éxodo.[1] Recuerda que los israelitas habían sido esclavos los cuatrocientos años anteriores, y lo único que sabían hacer era trabajar para el Faraón.

Estaban en un sistema de opresión que solo los valoraba sobre la base de cuánto producían. Todo giraba en torno a los ladrillos.

Y ahora, Dios está cambiando las cosas para ellos. Las sugerencias de Dios eran completamente contraculturales.[2]

Pero una mentalidad de esclavo no desaparece de la noche a la mañana, así que Dios proveyó para los israelitas un manual de reglas que seguir, acercándolos más a la santidad y la intención original para tener una relación con Dios.

Dios presenta los Diez Mandamientos diciendo: *Yo soy Jehová tu Dios, que te saqué de la tierra de Egipto, de casa de servidumbre,*[3] y guardar el día de reposo es el cuarto mandamiento.

Acuérdate del día de reposo para santificarlo. Seis días trabajarás, y harás toda tu obra; mas el séptimo día es reposo para Jehová tu Dios; no hagas en él obra alguna, tú, ni tu hijo, ni tu hija, ni tu siervo, ni tu criada, ni tu bestia, ni tu extranjero que está dentro de tus puertas. Porque en seis días hizo Jehová los cielos y la tierra, el mar, y todas las cosas que en ellos hay, y reposó en el séptimo día; por tanto, Jehová bendijo el día de reposo y lo santificó. (Éxodo 20:8-11)

Ellos debían descansar porque Dios descansó. Simple y llanamente.

Karl Barth observó que, si Dios creó la humanidad el sexto día y el día de reposo el séptimo día, eso significa que lo primero sobre lo que se basa su existencia es el descanso y la relación con el Creador. ¡Es lo primero que ellos experimentaron! Y, ahora, ¡Dios les estaba ordenando participar en ello semanalmente![4]

Sin embargo, eso se perdió en alguna parte del camino.

Tal vez a nosotros no se nos exige practicar el día de reposo del mismo modo en la actualidad, pero verdaderamente creo que hay mucha sabiduría en dedicar un tiempo a descansar y recordar que Jesús es el Señor.

La falta de descanso nos está matando, y tenemos que frenar un poco.

Por lo tanto, si eso significa tomarte un día a la semana para desconectarte del mundo exterior, para pasar tiempo con los amigos y la familia, leer, comer buena comida o dormir una siesta, hazlo.

Si eso te ayuda a ser más consciente de la presencia de Dios para poder ver la bondad de Dios en tu vida, hazlo.

Si eso te ayuda a estar presente, hazlo.

Si eso te ayuda a estar más cerca de Jesús, hazlo.

Además, a todos les gusta tener una razón para celebrar.

5

ES UNA CELEBRACIÓN

Trabajé en el ámbito de la hostelería por doce años.

Comencé sirviendo mesas junto a una piscina en un club local rural para aprender más estando cerca de algunas de las personas más ricas de la zona. Tras unos años, me abrí camino en esa industria. Dirigí restaurantes y finalmente incluso ayudé a abrir uno.

Respeto mucho a todos los que trabajan en esa industria porque sé cuán desgastante puede llegar a ser. Su trabajo básicamente consiste en hacer sonreír a la gente, aunque el cliente se haya levantado con el pie izquierdo.

Y, en ocasiones, se levantan con el pie izquierdo.

El trabajo más satisfactorio que tuve en la industria de los servicios fue en un restaurante de Mineápolis llamado *Spoon and Stable*. Fue un verdadero honor ser parte de su equipo. Creo que parte de ello tuvo que ver con el respeto que todos teníamos por el chef/propietario, Gavin Kaysen, que es literalmente uno de los chefs más increíbles del mundo.

Kaysen no solo es un renombrado chef de clase mundial, sino que también es presidente del Equipo USA en una competición culinaria en Francia llamada Bocuse d'Or, que básicamente son las Olimpiadas de la cocina. Y, con su dirección como vicepresidente en 2017, los Estados Unidos se llevó a casa la medalla de oro, un hito nunca antes logrado. Los Estados Unidos había llegado solo una vez al marcador, en 2015, cuando él competía como chef.

El chef Kaysen es un maestro en su arte.

Es un maestro en hacer sentir especiales a las personas.

Este hombre tiene la amabilidad en la sangre.

Trabajar en su restaurante inspira a los empleados a alcanzar la grandeza, y estar conectados los inspira a mirar a cada persona y cada momento como una oportunidad para impactar la vida de la persona de una manera significativa. Cada trabajador puede controlar la experiencia para solamente servir otra cena, o para dejar un recuerdo grabado que perdurará toda la vida.

Como empleados del chef Kaysen, queríamos asegurarnos de que cada persona que entrara sintiera que no había nadie más en la sala. Toda nuestra atención era para ellos y su experiencia. Atendíamos a cada detalle, comenzando desde el momento en que el cliente entraba por la puerta. Y, si estaban celebrando algo especial, como un aniversario, un cumpleaños, un ascenso, o cualquier cosa que mereciera la pena una celebración, era incluso mejor, casi como un desafío para nosotros hacerles sentir especiales.

Una manera divertida de hacer que ese momento fuera memorable era llevar un cono gigante de algodón de azúcar al cliente.

¿Ves que en la mayoría de los lugares te dan un helado?

Bueno, pues nosotros les dábamos un algodón de azúcar del tamaño de dos cabezas humanas.

O creo que una, si se tiene la cabeza grande.

Estoy convencido de que no puedes tener un día malo si te regalan una escultura de algodón de azúcar enorme.

El chef Kaysen tuvo mucho que ver en el desarrollo de mi amor por las personas y mi pasión por hacer que otros se sientan especiales cuando están en la mesa.

Mi último día de trabajo en el *Spoon and Stable*, el chef repostero me permitió hacer yo mismo el algodón de azúcar. Se me iluminó la cara. La alegría se desbordaba de mí, porque aunque era un sentimiento agridulce irme de la empresa, recordé que no se puede tener un día malo cuando te regalan un algodón de azúcar. Y funcionó.

QUE TENGAS TU MEJOR DÍA

Quiero recordar esos momentos y esas lecciones durante el resto de mi vida.

¿Cuándo fue la última vez que tuviste la oportunidad de celebrar la vida? ¿Hace mucho ya? Para algunos, puede que haya sido hace años atrás. Para otros, quizá fue ayer.

Creo que a Dios le encanta que celebremos. Le encanta que el gozo contagioso se desborde por nuestros poros. Y creo que, cuando más ocurre, es cuando estamos contentos con nuestra situación actual, cuando disfrutamos de quienes nos rodean, y cuando reconocemos que todo es un regalo de Dios.

"¡TE ORDENO QUE CELEBRES!".

El estado de Minnesota es muy conocido por tener muchos lagos, las tradiciones escandinavas, y la Feria del Estado de Minnesota, de fama mundial.

No estoy seguro de si eso último es cierto, pero la feria a mí me parece de las más famosas del mundo. Es básicamente una celebración de la cultura que dura doce días, con lo bueno y lo malo todo entretejido.

Creo que lo que me recarga las pilas más que cualquier otra cosa es que la gente experimente cosas nuevas, ya sea algo en plan aventura o una comida única.

La Feria del Estado de Minnesota es la culminación perfecta de ambas cosas.

Ahora que soy más viejo, muchos de mis amigos viven en diferentes estados, y nos encanta visitarnos para ver cómo nos va la vida en esas partes del mundo. Cuando la gente habla de visitar Minnesota, sugiero que lo hagan a finales de agosto para experimentar la feria.

Lo que hace que nuestra feria sea única es que es una de las más grandes del país, y la gente viaja desde todos los lugares solo para experimentarla, más de un millón de personas al día. La comida es genial, pero se pueden hacer muchas más cosas.

Hay viajes, conciertos, mirar gente, espectáculos, muestras de arte, exposiciones de la naturaleza, todo completo. Incluso se pueden tallar personas en mantequilla en una caja de cristal refrigerada. Es una locura. Y me encanta todo lo que ocurre en ella.

Si vives en Minnesota, hay un cincuenta por ciento de probabilidades de que te guste ir. Y ese cincuenta por ciento tal vez va una vez al año o quizá cada dos años. Pero yo no soy como la mayoría de la gente. Yo voy como mínimo tres veces al año, y por lo general más.

Cuando hay amigos que están aquí de visita, me convierto en el guía turístico. Pero nos lo tomamos en serio. No paramos. Mi amigo Jesse dice: "Cuando vas a la feria con Zach, es probable que no te despiertes al día siguiente, y si lo haces, notarás que te duelen mucho los tobillos".

Como dije, no paramos.

La Feria del Estado de Minnesota es una celebración de la vida, y la vivimos bien.

A lo largo y ancho de la Biblia vemos que Dios le dice a su pueblo que celebre. De hecho, les ordena que hagan esas fiestas enormes a lo largo del año como un momento para reenfocar, volver a centrar y recordar que toda la provisión viene de Dios.

Joseph Pieper dijo: "La felicidad de ser creado, la bondad existencial de las cosas, la participación en la vida de Dios, la victoria sobre la muerte, todas las ocasiones de los grandes festivales tradicionales son un auténtico regalo".[1]

Cada fiesta se trataba del regalo de estar vivo.

Y Dios quería que su pueblo festejara.

En la historia de Babilonia de la creación que vimos antes, los humanos fueron creados para trabajar para los dioses y darles ofrendas de comida para que suplieran sus necesidades.

Al final de Génesis 1, Dios da a Adán y Eva alimentos para agradarles, no al contrario.

Él reescribió por completo la narrativa que les enseñaba la cultura de su entorno.

Pensamos que sabemos festejar, pero, de hecho, Dios enseñó a los israelitas a celebrar en la Biblia. Se aseguró de que celebraran la vida siete veces al año, además del día de reposo semanal. Estas fiestas eran como una versión ampliada del día de reposo, apuntando a las personas al día de reposo eterno del futuro.

En Levítico 23 Dios describe cada fiesta en detalle.

Dijo que eran celebraciones santas.

Era un tiempo para adorarlo a Él.

Y eran un anticipo del Mesías venidero que redimiría al mundo, invitando a todas las personas al reino.

Las cuatro primeras fiestas eran en la primavera, mientras que las otras tres eran en el otoño, recordando a los israelitas la provisión de Dios durante las épocas de cosecha, y que incluso cuando descansaban en Él, Dios seguía proveyendo para ellos.

FIESTAS DE LA PRIMAVERA

La *Pascua* era la primera fiesta, una comida para que todos disfrutaran. Era un tiempo para que los israelitas recordaran la ocasión en que el Espíritu del Señor "pasó" por sus hogares en Egipto y salvó a sus primogénitos. Desde una perspectiva general, la Pascua significa la redención del pecado. La Última Cena en verdad fue una comida de Pascua.

Al día siguiente comenzaba un festival de siete días llamado la *Fiesta de los panes sin levadura*, cuando los israelitas tenían que eliminar la levadura de su dieta; pero podían ser indulgentes con todo lo demás. Para los israelitas, esto representaba su éxodo de Egipto, dejando todo atrás. En el Nuevo Testamento, la levadura a menudo representaba el mal; esta fiesta nos anima hoy a dejar atrás nuestro viejo yo.

Poco después estaba la *Fiesta de los primeros frutos*, el día de reposo después de que comenzara la cosecha. Los israelitas llevaban la primera porción de su cosecha como una ofrenda a Dios en gratitud por la provisión que les esperaba en la época de la cosecha.

La última fiesta de primavera era la *Fiesta de las semanas*, o *Pentecostés*, como muchos lo llaman. Tenía lugar cincuenta días después de la Fiesta de los primeros frutos, o siete días de reposo después de la Fiesta de los panes sin levadura. Esta fiesta era un día de reposo extra, como un día de reposo de jubileo, otro tiempo para darle gracias a Dios por toda su provisión durante la cosecha.

¿Estás viendo algún patrón aquí?

A Dios le encanta cuando celebramos. Y, de hecho, considera nuestra gratitud como un acto de adoración.

FIESTAS DEL OTOÑO

Las tres últimas fiestas se producen durante un periodo de un mes. Era una fiesta tras otra fiesta, y otra. En la tradición judía, llamaban a este triplete de fiestas los días de asombro y temor de Dios.

Primero estaba la *Fiesta de las trompetas,* un evento de un día que marcaba el final de la estación de la cosecha y el comienzo de un tiempo de santidad. Los israelitas hacían sonar trompetas durante todo el día y celebraban la vida. Desde una perspectiva cristiana, esto representa la segunda venida de Jesús, que se dice que ocurrirá al sonido de la trompeta.

Nueve días después, a los israelitas se les ordenaba celebrar el *Día de la expiación.* Este era un día en el que el sumo sacerdote entraba en el lugar santísimo y hacía una ofrenda por todos los pecados de Israel. Cada año ofrecía un nuevo comienzo, un estado sin pecado.

Finalmente, cinco días después, el programa de fiestas se cerraba con otro festival de siete días llamado la *Fiesta de los tabernáculos,* cuando los israelitas revivían el tiempo en el desierto durmiendo en cabañas fuera de sus hogares. Cada día era una fiesta, durante siete días, y era un presagio de cuando Jesús un día volverá a "habitar en tabernáculos" con nosotros, con cada nación, tribu y lengua, aquí en la tierra para siempre.

Fiesta tras fiesta.

Tras fiesta.

Tras fiesta.

Fiesta tras fiesta.

Tras fiesta.

A Dios le encantan las buenas celebraciones; le gusta que su pueblo sonría.

Para llevarlo un paso más lejos, en Deuteronomio 14 Él se vuelve extravagante con sus mandamientos. Dice que lleven el diezmo de sus cosechas a Jerusalén para consumirlo y aprender a temer al Señor siempre. Y, si no podían llevar todo su diezmo en el viaje, *entonces lo venderás y guardarás el dinero en tu mano, y vendrás al lugar que Jehová tu Dios escogiere; y darás el dinero por todo lo que deseas, por vacas, por ovejas, por vino, por sidra, o por cualquier cosa que tú deseares; y comerás allí delante de Jehová tu Dios, y te alegrarás tú y tu familia.*[2]

Dios literalmente les ordena tomar el diez por ciento de su cosecha y convertirlo en una fiesta. Piensa en eso por un segundo. Digamos que ganas 40 000 dólares al año. Dios estaba diciendo que tomaras 4000 dólares de esos ingresos y celebraras, que organizaras una fiesta, que comieras buena comida, que bebieras un buen vino, rieras, bailaras, disfrutaras la vida al máximo.

¡Esto era un *mandamiento*! ¡No tenían otra opción más que hacerlo!

Hacer fiesta es una de las cosas más consistentes a lo largo y ancho de la Escritura; por lo tanto, ¿podemos atascarnos en la mentalidad de que las cosas estaban empeorando?

Dios podía haber usado el Departamento de Vehículos Motorizados o la cárcel para describir la vida.

Pero no lo hizo.

Él usó fiesta, festejo, celebración, baile, boda, celebración, cena, fiesta.

Dios es gozoso. Dios es amoroso. Dios se preocupa por tu felicidad y bienestar más que tú mismo. Creo que eso se pierde dentro de la religión gran parte del tiempo; sin embargo, Dios quiere que celebremos. Él nos creó para disfrutar la vida, no para tener miedo y hundirnos en una mentalidad de fatalidad.

JESÚS VINO COMIENDO Y BEBIENDO

En la tradición judía, se esperaba que el Mesías viniera en gloria y honor, con ejércitos de ángeles a su lado, listo para tomar el control.

Pero Jesús llegó como un siervo, y vino a buscar y a salvar a los perdidos.

¿Qué? Eso es bastante distinto a lo que se esperaba.

¿Y qué hizo cuando llegó aquí?

Comió y bebió con la gente.

Tanto, que las personas lo tenían por glotón y borracho; es decir, como alguien que come y bebe demasiado.[3]

La versión de Jesús del evangelismo era la amabilidad y la hospitalidad.[4] Era una manera de demostrar que aceptaba a todos aquellos a quienes otros menospreciaban. C. T. McMahan escribió sobre las costumbres en la mesa de Jesús en el libro de Lucas, llegando a esta conclusión:

> De todos los medios por los que Jesús podía haber escogido que se le recordara, escogió ser recordado por una comida. Lo que consideró memorable y característico de su ministerio fue su comunión en la mesa. La comida, una de las prácticas más básicas y comunes de la humanidad, fue transformada por Jesús en una ocasión para tener un encuentro divino. Fue al compartir la comida y la bebida como invitó a sus compañeros a compartir la gracia de Dios. La quintaesencia de la misión redentora de Jesús fue revelada comiendo y bebiendo con los pecadores, arrepentidos o no igualmente.[5]

La mesa era una forma de convertir a desconocidos en amigos, y de invitar a todos al estilo de vida del reino. Era práctico, no místico.

Jesús estaba rompiendo todo tipo de tabús sociales. Una comida representaba amistad, comunidad y aceptación. Jesús estaba diciendo que ahora *todos* somos bienvenidos al reino.

Y todo comenzó con un bocado.

Una conversación.

Escuchando por lo que otros estaban pasando.

Y realmente estando ahí para ellos.

Esta era una manera de pensar revolucionaria. Es decir, que uno podía verdaderamente adorar a Dios a través de una buena comida, vino y celebración; y, no solo eso, sino que las personas iban a convertir sus vidas a través del proceso.

Jesús nunca enseñó sobre el temor a ser dejado atrás ni nos dijo que nos quedáramos en nuestra miseria.

En lugar de eso, sus historias mostraban abundancia, generosidad, gozo, celebración, amor y bienvenida para todos, y risas, buena comida y gratitud.

Historia tras historia.

Parábola tras parábola.

El mensaje siempre era el mismo.

A menudo me confunde pensar cómo se puede pasar por alto todo eso.

El primer milagro público de Jesús fue en una boda.[6] Estas fiestas no eran solo unas horas de celebración; duraban toda la noche, y muchas de ellas incluso varios días. Sin parar.

Yo he estado en muchas bodas, pero nunca en una boda como esta.

En esta boda en particular en Caná comenzó a faltar el vino, y los anfitriones empezaron a usar la reserva, pero las personas seguían bebiendo. Jesús estaba en esta boda, y también su madre, María, que sabía cuán vergonzoso podía ser para los anfitriones quedarse sin vino. Los vecinos hablarían mal de los anfitriones a sus espaldas durante semanas.

Jesús observó que había seis tinajas de agua que se solían usar para el ritual de la purificación en esa propiedad. Esas tinajas eran muy grandes; se usaban para purificar las manos antes de comer, o todo el cuerpo antes de entrar al templo.

Esas tinajas eran importantes, y también lo era el agua que había en ellas.

Una vez, en un momento en el que realmente no vivía del todo mi fe, mi amiga Heather y yo fuimos a visitar a otro amigo común a su iglesia. Él estaba tocando música y pensamos que sería una sorpresa divertida. En esa iglesia en particular tenían un recipiente de agua bendita en el vestíbulo para mojar el dedo y hacer la marca de la cruz en la frente.

No voy a mentir, Heather se pasó un poco haciendo esto: metió los dedos en el agua y fingió que me estornudaba encima, salpicándome la cara con el agua.

Me quedé de piedra.

Todos los ojos de quienes estaban en la sala nos miraron fijamente durante el resto de la reunión. Fue bochornoso.

Así que Jesús estaba viendo esas tinajas de agua y le dijo al personal de sala que llenaran las grandes tinajas con agua y después la sacaran de ahí con sus jarras. Las jarras de los sirvientes quedaron llenas del mejor vino que nadie de la región había probado jamás.

Se salvó la fiesta, además de la imagen de los anfitriones. Jesús mejoró aún más la fiesta.

Recuerda que este fue su primer milagro en público. ¿No te parece algo sin igual?

En Lucas 15, Jesús está cenando en casa de Leví con un grupo de personas cuestionables; es decir, lo peor de lo peor.

Y fuera de la fiesta estaban los fariseos y los maestros de la Ley. Estos tipos estaban celosos del Señor y vivían con miedo de Él, algo entendible considerando que no querían regresar al exilio. Pero su religión se interpuso en lo que Dios realmente estaba intentando hacer.

Así que Jesús estaba comiendo con esos tipos que los fariseos pensaban que eran despreciables, y personas que en realidad habían estado oprimiendo al pueblo judío por años. No tenía sentido para ellos que el presunto Mesías estuviera cenando con ellos.

Este pequeño acto fue también revolucionario, e iba en contra de todos los estándares sociales. Comer con alguien quería decir que esa persona era aceptada en la fiesta tal como era.

Así que, por supuesto que los fariseos comenzaron a decir cosas malas de Jesús y a cuestionar sus acciones. ¡Eso tenía sentido!

Para explicar sus acciones, Jesús relata una parábola en forma de tres historias, todas ellas mostrando lo mismo.

Se pierde algo.

Después se encuentra.

Y a esto le sigue una fiesta.

La primera habla sobre un pastor que tiene cien ovejas. Desde el principio, Jesús está siendo divertido aquí, porque pastorear era un trabajo sucio, y ninguno de los fariseos se imaginaría hacer esa tarea. Jesús habla de una oveja que se pierde y que el pastor deja las otras noventa y nueve para ir a buscar a la perdida.

Tras encontrar a la oveja perdida, el pastor regresa a la comunidad y organizan una fiesta por esta oveja hallada. Ni siquiera sabemos lo que les ocurrió a las demás ovejas. Podían estar aún en los prados. Lo que sí sabemos es que este pastor dejó todo atrás para recuperarla; la oveja no hizo otra cosa que perderse.

¿Alguna vez se te ha perdido algo importante? ¿Cómo te hizo sentir eso? De lo peor, ¿verdad? Sabes exactamente de lo que Jesús está hablando aquí, con el gozo que llega tras recuperar algo precioso.

Jesús continúa y pasa a contar la historia de una mujer que tenía diez monedas pero perdió una de ellas. Buscó, buscó y buscó hasta que un día encontró la moneda perdida y organizó una fiesta. De nuevo, la moneda no hizo nada para ser hallada, así como la oveja tampoco hizo nada. Pero tanto la mujer como el pastor hicieron una fiesta.

La tercera parábola que Jesús cuenta tiene que ver con dos hijos. Uno de ellos le pide a su padre su parte de la herencia. Muchas veces podemos saltarnos esta parte de la historia sin realmente pensar en ello, pero pedir una herencia antes de tiempo significaba que el hijo estaba diciendo: "Papá, tú para mí estás muerto. Vende parte de tus tierras y dame lo que es mío". ¡Vaya!

El padre en ese momento debería haberle dado una bofetada en la mejilla a su hijo. ¡Era una impertinencia! Como mucho, el hijo podía irse del negocio familiar y huir, pero nunca pedir su herencia anticipadamente. Y el padre nunca concedería esta petición.

Pero este padre lo hace.

El hijo toma su herencia, se va a una tierra lejana y lo desperdicia todo. Ahora está metido en problemas. Sin dinero en el bolsillo, consigue un empleo trabajando en una granja alimentando cerdos, cubierto de barro y heces. Todo lo asqueroso que te puedas imaginar.

Se hartó. El hijo pródigo dijo para sí: "Me acuerdo de que mi padre tenía sirvientes. Quizá podría regresar a la casa, trabajar para él para ganarme la vida, y reestablecer nuestra relación familiar".

Cuando el hijo regresa a su ciudad natal con la cabeza agachada y lleno de vergüenza, estaba listo para suplicar una segunda oportunidad. Pero lo que vemos es algo muy diferente.

El padre ve al hijo desde lejos y comienza a correr hacia él. Durante aquella época en la sociedad, un padre nunca habría corrido, y sin duda no le habría dado la bienvenida a su hijo sin que hubiera graves repercusiones.

Pero este padre era distinto.

Corrió muy deprisa, poniéndose en evidencia, abrazó a su hijo y dijo a sus sirvientes que lo cubrieran con la mejor túnica, con las mejores sandalias para sus pies, y que organizaran una gran fiesta.

Su hijo estaba perdido y había sido hallado. Su relación estaba arreglada. Y toda la aldea se juntó para celebrar este momento.

El pastor, la mujer y el padre hicieron una fiesta para celebrar la recuperación de lo que se había perdido. Y esto es exactamente lo que ocurre en el cielo cuando se encuentra a una persona que se había perdido.

Jesús está diciendo que todos están invitados a la fiesta, incluso lo peor del mundo.

Él nos invita a ti y a mí.

No a sentarnos afuera y burlarnos de que los injustos sean salvados, sino para abordar cada situación con gracia e invitar a otros a que entren con nosotros. Como en estas historias, la oveja, la moneda y el hijo no hicieron nada para ser hallados; sin embargo, todos habían pertenecido todo el tiempo.

Jesús predicaba gozo, generosidad, amor y bondad. No predicaba sobre todas las cosas malas que estaban sucediendo en el mundo. Estaba diciendo que el reino ahora estaba aquí.

Y las cosas en el reino son muy, muy distintas.

Tenemos que celebrar que *nosotros* hemos sido hallados.

No preguntarnos si somos buenos para disfrutarlo. No, ya hemos sido aceptados. Una vez que reconoces que no hay nada que puedas hacer para que Dios te ame más, puedes vivir desde una postura de gozo y comenzar a compartir la vida con los que te rodean.

Ahora puedes vivir en verdad.

En el Antiguo Testamento, el profeta Isaías describe una gran fiesta en el futuro, conocida como el banquete mesiánico.

Y Jehová de los ejércitos hará en este monte a todos los pueblos banquete de manjares suculentos, banquete de vinos refinados, de gruesos tuétanos y de vinos purificados. Y destruirá en este monte la cubierta con que están cubiertos todos los pueblos, y el velo que envuelve a todas las naciones. Destruirá a la muerte para siempre; y enjugará Jehová el Señor toda lágrima de todos los rostros; y quitará la afrenta de su pueblo de toda la tierra; porque Jehová lo ha dicho. (Isaías 25:6-8)

Fiesta.

Comida.

Vino.

Todas las personas.

Todas las naciones.

Todas las caras.

Toda la tierra.

Versículo tras versículo a lo largo y ancho de la Biblia hablan de una fiesta venidera y la celebración de nuestro Mesías, Jesucristo.

En el futuro, la muerte será eliminada y el mundo regresará a su plan original, como un lugar para que todos disfrutemos de la presencia de Dios por toda la eternidad.

Jesús es el anfitrión de la fiesta, y todos somos bienvenidos a unirnos.

CAMBIA EL MUNDO

Jesús a menudo era criticado cuando hablaba sobre abundancia y celebración. Los líderes religiosos esperaban que Él fuera distinto. Realmente Él no se ajustaba a sus ideas preconcebidas sobre cómo sería realmente el Mesías.

Él decía que el reino había venido.

Todos estaban invitados.

Todos eran bienvenidos.

Ya no tienes que hundirte en tu miseria o santurronería.

La esperanza estaba viva.

Y se podía obtener mediante una relación con Jesús.

Tenemos la capacidad de estar rodeados por la presencia de Dios hoy; no tenemos que esperar algún tiempo en el futuro. La nueva creación siempre conlleva celebrar; por lo tanto, podemos celebrar ahora la abundancia, el gozo, la paz, el amor y la comunión que tenemos por ser creyentes. Y podemos mantener nuestros ojos en la fiesta futura que aún ha de venir, donde toda la creación será renovada.

Por ahora, podemos seguir el modelo de Jesús y aprender a celebrar la vida en lugar de estar todo el tiempo desanimados. Muchas personas siempre encuentran algo de lo que quejarse. No seas una de ellas, porque nadie querrá lo que tú tienes. Puedes citar versículos bíblicos todo el día; pero si tienes una mala historia de la creación, eso no importa. Las buenas comidas se hacen con buenos ingredientes.

Y creo que la clave para cambiar el mundo es haciéndolo una comida cada vez.

En lugar de hacerlo algo raro, conoce a las personas ahí donde están y disfruta con ellas de una buena hamburguesa.

Tal vez tendrás un momento para compartir sobre lo que Dios está haciendo en tu vida.

O tal vez no.

Puede que esa comida sea solo un soplo de aire fresco, un tiempo en el que no tienes que buscar una manera de evangelizar y en cambio puedes disfrutar de tu tiempo con alguien que podría ver las cosas de forma distinta. Muchas veces proyectamos nuestras inseguridades sobre otros que no piensan del mismo modo que nosotros, en lugar de estar seguros de quiénes somos y para qué fuimos creados.

Creo que la mejor manera de amar a otros es en la mesa.

A veces podrás compartir tu fe.

Pero otras veces quizá solo tengas que escuchar al otro y disfrutar de una buena copa de vino.

Y no hay por qué avergonzarse de ello.

6

ÉL ES MUCHO MÁS DIVERTIDO EN LA VIDA REAL

No quería buscar en Google cómo sería Jesús, pero de algún modo sucedió.

La verdad es que estaba intentando averiguar si Jesús había dicho algo en concreto, porque, ya sabes, me gusta revisar los datos de las afirmaciones que pone la gente en las redes sociales. Las redes sociales han creado un montón de predicadores que no deberían ser predicadores y, sinceramente, no me fío de muchos de ellos. Así que reviso.

Escribí "¿Alguna vez Jesús...", cuando Google comenzó a probar en qué dirección iba mi pregunta:

... se casó?

... bautizó a alguien?

... lloró?

... se rio o sonrió?

Un momento.

¿Te refieres a si Jesús se rio o sonrió alguna vez? Qué pregunta tan divertida. ¡Por supuesto que lo hizo! ¿Acaso la gente no está de acuerdo con eso? ¿Es por eso que Google lo sugirió? ¿Se debe a que muchas personas lo han preguntado?

Pues yo también. Así que escribí en Google: "¿Cómo era Jesús?".

Literalmente me reí muy fuerte.

Me estás gastando una broma.

Todas y cada una de las imágenes de Jesús eran con el rostro impávido. Serio. Tal vez con una pizca de tristeza, pero aparte de eso, carente de emociones. Y con la piel blanca, abdominales y rasgos europeos, pero ese es un tema totalmente distinto al que iremos en otro momento. Imagino que solo supuse que me había topado con esa visión de Jesús de la vieja escuela. Me refiero a que ahora estamos en el siglo XXI y llevamos estudiándolo dos mil años. De todos modos, ese día en concreto estaba pensando más en su gozo. Y en su risa. Y en su sonrisa.

A lo largo y ancho de la Biblia se describe a Jesús como alguien gozoso.[1]

Sin embargo, el arte y la sociedad lo muestran como alguien lúgubre y sentencioso.

Un monasterio en la península del Sinaí, el Monasterio de Santa Catalina, alberga uno de los retratos más antiguos de Jesús. El artista fue intencional con su retrato de Jesús para mostrar dos aspectos de Cristo a la vez. Sostiene un libro con una cruz sobre él en un brazo, y está haciendo la señal de la bendición con la otra mano. Aunque lo que realmente captó mi atención fueron sus ojos. Me dio la impresión de que un ojo está entrecerrado, mostrando juicio mientras que el otro está lleno de perdón.

Tu visión de la personalidad de Jesús influye en la relación que tienes con Él más que cualquier otra cosa. Se trata de a cuál de los dos ojos mires. Si crees que está enojado contigo, tu relación estará basada en el temor. Si crees que está decepcionado, ocurrirá lo mismo.

Y no hay nada peor que alguien te diga: "No estoy enojado sino decepcionado".

No puedo con ello.

Siempre he pensado en Jesús como alguien amante de la diversión y la alegría, alguien que sonreía mucho más que cualquier otra persona. No sé de dónde vino esa mentalidad, pero se quedó conmigo. ¿Sabías que Dios en verdad sabe lo que te hace sonreír mejor que tú mismo?[2] ¡Qué asombroso!

Durante años creí que una de las mejores maneras de demostrar el amor de Cristo era a través de una sonrisa. Creé una línea de ropa en torno a esa idea. Escribí canciones sobre ello. Incluso comencé una especie de movimiento en la universidad llamado "Pon tu mejor sonrisa".

Estaba basado en una frase de una de mis viejas canciones que decía:

Con dos dedos pulgares hacia el cielo,

Y los dientes blancos relucientes.

Cada vez más personas felices.

Es tiempo de que me enseñen sus sonrisas.

Pon tu mejor sonrisa.

La frase me gustó y casi que se convirtió en mi lema durante un buen tiempo. Diría que lo sigue siendo, tan solo que no la he seguido estampando en nada.

EL JESÚS DE TIENDAS DE CARIDAD

Me alejé de Dios por un tiempo en la universidad, aunque iba a una universidad cristiana. Es extraño que pueda suceder eso: estar rodeado de personas que están fortaleciendo su fe; pero tú estás buscando algo distinto. A menudo digo que era la oscuridad dentro de mí que estaba en guerra con la luz de mi interior. Cuanto más pienso en ello, eso podía ser solo una excusa.

Quería algo práctico.

Quería algo real.

Quería ver a Jesús manifestado en nuestra vida cotidiana, y no alguna ideología falsa que no tuviera repercusión alguna sobre nuestras acciones.

Imagino que tan solo esperaba que las personas fueran más amorosas y menos críticas, más amables y gozosas y... ¿sonrientes?

Mis amigos David y Peter tenían una casa cerca, donde íbamos a pasar el rato de vez en cuando. Eran buenos tipos, modernos, y me gustaba tener conversaciones con ellos. A todos nos gustaba.

Ellos tenían una pared en su casa toda cubierta de retratos de Jesús que encontraban en tiendas de caridad de la zona.

Y todos ellos me deprimían.

Podía estar sentado en la cocina, en el salón o el comedor, y Jesús siempre me estaba mirando fijamente. No estoy seguro de si es porque me sentía mal por no tomarme muy en serio mi fe o qué, pero Jesús no parecía estar contento conmigo.

Honestamente, me ponía tan nervioso que ponía excusas para que todos nos fuéramos a las escaleras de la entrada. No quería entrar y tener que lidiar con mi lucha interior, viendo decepción en sus ojos.

¿Alguna vez te has sentido así al mirar algún retrato de Jesús?

Tal vez la iglesia en la que creciste tenía un pasillo con imágenes de Jesús, y su expresión facial la tienes grabada en la memoria.

Qué extraño es eso, ¿verdad? Piensa en cómo esas imágenes influenciaron tu idea de Él, y qué diferente habría sido si hubieras visto a un Jesús riéndose y lleno de sonrisas.

EL JESÚS BRASILEÑO

Uno de mis mejores amigos es el artista de renombre mundial Tiago Magro.

A Tiago le encanta la iglesia y hace un trabajo increíble compartiendo verdades bíblicas con su arte, te des cuenta o no. La mayoría de las personas no se dan cuenta. Piensan que tan solo tiene un mensaje de esperanza, amor y unidad.

Sucede que la raíz de estos tres rasgos viene de su relación con Jesús.

Tiago nació y creció en Brasil, así que aún realiza gran parte de su trabajo en ese país y es muy respetado en el mundo del arte.

Un día, Tiago, nuestro amigo Ray y yo estábamos almorzando en un pequeño restaurante en el distrito del arte de Miami llamado Wynwood. Tiago nos había contado algunos detalles sobre un proyecto en el que había estado trabajando en el pasado, pero ese día estaba listo para contarnos todo el plan.

Convertir una iglesia abandonada en Cuiaba (Brasil) en una obra de arte funcional.

Me fascinó. Dije: "Hermano, yo voy contigo pase lo que pase, aunque solo sea para limpiar las bocas de tus pulverizadores".

Ray dijo lo mismo. Dos meses después estábamos embarcando rumbo a Sudamérica.

Cuiaba es una ciudad pequeña en el lado oeste de Brasil, y tiene una pequeña comunidad de arte muy atractiva. El proyecto de la iglesia abandonada estaba siendo patrocinado por una galería de allí, Sic Bartao, literalmente el lugar más bonito que he visto nunca.

Durante diez días seguidos conducíamos durante una hora por tierras de labranza hasta llegar a una pequeña iglesia al lado de la carretera, y Tiago trabajaba en su obra de arte mientras que Ray y yo le echábamos una mano con lo que podíamos.

El último día, cerramos nuestro tiempo allí celebrando un servicio. Verás, la iglesia en Brasil está muy dividida, pero estábamos en la ciudad para llevar unidad. Así que nuestro servicio consistió en un sacerdote católico y un pastor evangélico que compartieron ambos una palabra, y después tomaron juntos la santa cena para dedicar al Señor el edificio reavivado.

Antes de salir al aeropuerto, hicimos nuestra última parada en la galería de arte para decir adiós a todos.

Y ahí estaba. Una estatua de Jesús que era de las mejores que había visto nunca.

Estaba sonriendo y tenía sus dos pulgares hacia arriba. Y era de color rosa. Pensé: *Se trata de esto*, y también: *La necesito*. No tenía espacio en mi equipaje, pero no te creerás que llevé ese artículo en mis manos durante las siguientes veinticuatro horas en nuestro viaje de regreso a Miami.

Esa estatua de Jesús feliz ahora está en mi oficina, y en lugar de estar decepcionado conmigo, dice:

Hola amigo, tú puedes.

Te amo.

Eres digno.

Sigue sonriendo.

Sigue convirtiendo el mundo en un lugar mejor.

Estoy orgulloso de ti.

No te detengas.

LA PERSONA MÁS FELIZ DEL MUNDO

Así que, en caso de que te lo sigas preguntando, Jesús realmente estaba contento.

Él no caminaba por ahí con ojos de juicio, diciéndoles a todos que se iban a ir al infierno.

Él no convirtió el agua en vino y después hizo que la fiesta continuara para poder decirles a todos que dejaran de beber.

No compartió historias sobre echar montañas al mar y vigas en el ojo sin poner una pequeña sonrisa, al menos internamente.[3]

No, Él era el alma de la fiesta, diciéndole a la gente: "Eres bienvenido al reino. No tienes que demostrar nada. Te amo". ¿Por qué si no les encantaba estar con Él a los pecadores, los niños y las mujeres?

Te garantizo que ninguna de esas personas habría querido pasar tiempo con Jesús si Él hubiera sido aburrido, pesimista y crítico.

Entonces, ¿por qué tantos de nosotros raras veces asociamos nuestra identidad religiosa con el gozo? En lugar de ello, a menudo la asociamos con el pecado y el juicio. Estoy totalmente de acuerdo en que ambas cosas son importantes de discutir y de ser conscientes de ellas, pero me pregunto si de manera subconsciente comenzamos a asociar cada historia de la Biblia con eso, en lugar de creer que Jesús realmente nos liberó de nuestra esclavitud.

Es como si ya existiera un conjunto establecido de emociones y posturas de autodesprecio que se imprime en nuestra mente y, sin embargo, ¿esperamos ver el mundo como Dios lo ve?

Dios lo ve realmente desde una posición de bondad, gozo y restauración, no desde un lugar de destrucción y tristeza.

Pero no podemos verlo de otra forma a menos que se nos enseñen estas cosas, o que estudiemos la Biblia por nosotros mismos.

No podemos echar lejía en una planta y esperar que crezca y tenga gozo.

Tenemos que prepararla desde la semilla para entender que el amor, la bondad, la gratitud y el perdón es lo que hará que crezca con gozo.

Solo porque te criaste con cierta mentalidad no quiere decir que sea verdad.

¡Jesús ha resucitado! ¡La tumba está vacía!

Y, aunque una tumba vacía podría ser un símbolo mejor para el cristianismo que la cruz, no se ve tan bien. La tumba es necesaria, sin embargo, porque la tumba estaba abierta. ¡Estaba vacía! Debemos vivir en esa realidad. Debemos entender nuestra fe desde el punto de vista de la resurrección, no estrictamente desde la perspectiva de la cruz.

La tumba está abierta.

El futuro está abierto.

Debemos vivir como si pudiera pasar cualquier cosa ahora porque sabemos que Dios no abandonó a Jesús a la muerte.

Por otro lado, cuando vivimos como si Jesús siguiera en la cruz, hay una fijación al mundo. Vivimos nuestra vida, nos divertimos, pecamos un poco, vamos a la iglesia los domingos, y Jesús sigue estando ahí llevando el peso de nuestro pecado.

Esto no permite que haya una imaginación alternativa que desarrollar y cocrear juntamente con Dios en un mundo posterior a la resurrección, que es lo que estamos llamados a hacer.

Pero, como sabes, nuestra visión de Jesús influye en gran manera en nuestra relación con Él, algo que algunos de ustedes están oyendo ahora por primera vez.

Poco después de que Jesús nació, un ángel se acercó a un grupo de pastores y les dijo: *No temáis; porque he aquí os doy nuevas de gran gozo, que será para todo el pueblo.*[4]

El nacimiento de Jesús fue una buena noticia, no una mala noticia.

Quienes lo siguen tendrán un gran gozo, no tristeza.

Versículo tras versículo, desde antes de que Jesús naciera, durante su ministerio, y después de su resurrección, todo se trataba acerca del gozo que Jesús tenía. Y el mismo gozo está disponible para nosotros hoy, como creyentes y seguidores del Camino.

Jesús estaba lleno del Espíritu Santo. Como creyentes, tú y yo también tenemos el Espíritu Santo.

Pablo enseñó a la iglesia en Galacia diciendo: *Mas el fruto del Espíritu es amor, gozo, paz, paciencia, benignidad, bondad, fe, mansedumbre, templanza; contra tales cosas no hay ley.*[5]

Amor.

Gozo.

Paz.

Paciencia.

Benignidad.

Bondad.

Fe.

Mansedumbre.

Templanza.

Nueve características que se supone que deberían fluir de nuestra vida sin esfuerzo alguno, en las que se supone que deberíamos crecer cada día según vamos siendo más como Jesús. Él tenía la plenitud, y nosotros estamos de camino hacia ella.

(Creo que debería ser nuestra meta cada día mejorar al menos en uno de los rasgos de arriba. Un gran punto de inicio para la autorreflexión sería repasar los generadores de gratitud que hay al final de este libro).

El fruto del Espíritu es lo que debería venir a la mente cuando los incrédulos piensan en nosotros, y no crítica, rudeza, riña y fatalidad.

Y creo que todo esto comienza al ver a Jesús desde una perspectiva distinta. Él era alguien divertido. Era gozoso. Era amable y amaba a otros mejor que nadie. Extendía invitaciones para fiestas a todos, no solo a los justos.

No estoy seguro de cuál es la idea acerca de Jesús que se ha instalado en tu cabeza, pero me gustaría animarte a que hagas una inspección. Tal vez eso significa que tú mismo tienes que reescribir algo. Está bien. Ora al respecto y pídele a Jesús que te muestre su verdadera personalidad.

Él te ama, y quiere que el gozo también brote en tu interior.

JESÚS EN EL ASIENTO TRASERO

¿A qué se debe que cuando estabas en la secundaria te encantaba hacer bromas a la gente? ¿Me pasaba solo a mí o te identificas conmigo?

Tenía un amigo llamado Paul que tenía un Saab antiguo. Bueno, no era un Saab común, ya que lo había modificado un poco. Le puso un altavoz debajo del capó y una radio CB en el salpicadero.

Si no tienes ni idea de lo que estoy hablando, lo que quiero decir es que podía hablar con los camioneros en la autopista, pero también podía usar el micrófono como un altavoz que salía del capó de su auto.

Eso era un problema.

Él conducía por la avenida principal mientras yo estaba en el asiento trasero, con el micrófono en la mano. Paul me decía en voz baja lo que ocurría en la calle a nuestro alrededor, y yo hacía algún comentario sobre la situación, todo mientras él mantenía el rostro serio.

Personas que paseaban al perro, personas haciendo fila en el cine o en la parada de bus...

Nadie estaba a salvo.

Yo iba diciendo una tontería tras otra, intentando conseguir que Paul se riera. Pero él era un profesional. Ningún comentario conseguía hacerle esgrimir una sonrisa.

Después, nos deteníamos en un lado de la calle y nos partíamos de risa, visualizando todo lo que había pasado por las mentes de los pobres ciudadanos.

Tenía otro buen amigo en la secundaria llamado Dave (el mismo Dave que comía en el salón de clase conmigo).

El auto de Dave también estaba modificado, pero de un modo un poco distinto al de Paul.

Este tenía luces de Navidad en el interior. Sin importar la carretera por la que circuláramos, la Navidad empezaba a funcionar.

Una noche, conducíamos por la ciudad cuando observé que Dave tenía una de esas linternas muy potentes en el asiento de atrás. Ya sabes, de esas que necesitan como diez pilas y que salen miles de bujías de ellas.

Pensé que sería divertido comenzar a enchufar a las personas y a las casas. Mala idea.

Mientras Dave conducía por la calle y yo encendía la linterna a la distancia, observé que había otras luces que se movían y que no era la mía. Confundido por la situación, me volteé para ver si alguien estaba haciendo lo mismo que yo.

Y, bueno, fue algo parecido.

Pero era un policía.

Y nos estaba haciendo el alto.

La buena noticia es que no se dieron cuenta de la linterna.

La mala noticia es que no se pueden tener luces de Navidad dentro de un auto, imagino. Qué norma tan rara.

Eran tiempos divertidos. Nos reíamos constantemente. Pero después, a medida que crecemos, las cosas a menudo cambian. Nuestra visión del mundo cambia. Lo que es importante para nosotros cambia. Nos volvemos más serios. Y muchas personas se conforman.

Jesús no cambia como nosotros.

Él es el mismo ahora como lo era entones. Y Él era divertido. Creo que Jesús se habría sentado en el asiento trasero de Paul y Dave conmigo, riéndose.

En el Evangelio de Juan, cuando Jesús les cuenta a sus discípulos todo lo que sucederá, dice: *Estas cosas os he hablado, para que mi gozo esté en vosotros, y vuestro gozo sea cumplido.*[6] El gozo que Jesús tenía iba a transmitirse a sus discípulos. Si Jesús fuera aburrido, esta frase no habría importado. Pero no lo era. Los discípulos querían obtener el nivel de gozo que Jesús mostraba de forma tan generosa.

Y Jesús nos ofrece el mismo gozo a ti y a mí.

G. K. Chesterton dijo una vez: "El gozo, que era la publicidad pequeña de los paganos, es el secreto gigante del cristiano".[7] La gente nos debería mirar, preguntándose de dónde viene nuestro gozo y cómo pueden conseguir ellos mismos un poco.

El cielo desborda de gozo y risa.

¿Te imaginas lo poco atractiva que sería la eternidad sin él?

PARTE DOS

CÓMO VIVIRLO

7

EXPERIMENTA TODOS LOS SENTIMIENTOS

Crecí en Minnesota, la tierra de los 10 000 lagos. En verdad hay unos 12 000 lagos, pero el número 10 000 parece ser más vendible. Así que nos quedamos con esa cifra.

Tal vez yo estoy condicionado, pero creo que es uno de los mejores lugares del mundo. Me recuerda a un soplo de aire fresco. Todo el que me visita siempre se queda impresionado de lo mucho que le gusta Minnesota, especialmente mis amigos que viven en grandes ciudades como Nueva York, Los Ángeles y Miami. Siempre se van diciendo: "Vaya, no me importaría nada vivir aquí".

A menos que vengan durante los meses de invierno.

Eso sí es otra historia.

Esa historia consiste en: "No sé cómo la gente puede escoger vivir aquí", y posiblemente suelten algunas malas palabras en el trayecto que hay desde nuestra casa hasta el auto.

Pero la clave para vivir aquí arriba es no hablar sobre esos meses muy a menudo.

Esos meses son como ese tío raro que hay en las familias.

Especialmente no hablas de esos meses si estás intentando que alguien se mude aquí (como hice con mi esposa). No, más bien les muestras la zanahoria. Haces que se enamoren de la vida del lago, y el cambio de hoja, y las cabañas y hogueras. Ya sabes, esas cosas que ves en las películas.

Trabajé en distintas cafeterías y restaurantes por años. Siempre me gustó trabajar de cara a los clientes por la flexibilidad y el salario, y porque mi única responsabilidad era asegurarme de que la gente pasara un buen rato.

Tengo positividad y optimismo grabados en mi ADN, así que eso último me resultaba fácil.

Sin embargo, trabajar en esos entornos también me permitió entender cuán poco frecuente es ese rasgo de la personalidad. La mayoría de las personas tienen que esforzarse mucho por ser positivas y optimistas. No les nace de forma natural.

La gente me preguntaba todo el tiempo: "Zach, ¿cómo puedes estar tan contento todo el rato?".

Y realmente no sabía qué responder, así que decía: "No sé. Soy así".

Imagino que dentro de mí sabía lo mucho peor que puede ser la vida y cuán poco realista es que tú y yo estemos vivos.

También conocía a Jesús. Más o menos.

Crecí yendo a la iglesia y llamándome cristiano. (Muchas personas en América hacen lo mismo solo porque es una respuesta fácil en los cuestionarios del gobierno).

Mi vida a menudo proyectaba valores que me enseñaron en la iglesia, pero había algunos cristianos con los que no quería que me relacionaran, especialmente una muchacha con la que trabajaba que se llamaba Jenny. Era un poco extraña.

Trabajábamos en la misma cafetería. Su fe probablemente no tenía nada que ver con su rareza, pero indudablemente no ayudaba en nada, porque todos nos relacionaban el uno con el otro.

Jenny era súper profética, y eso empeoraba las cosas. Compartía sueños y palabras proféticas con otros empleados, yo mismo incluido, y a sus espaldas hablábamos de cuán extraño era lo que hacía. Ahora bien, hoy creo que los dones del Espíritu son necesarios para edificar el cuerpo de Cristo, pero en ese entonces era otra historia.

Me asustaba.

Trabajábamos con otra persona cuyo nombre en su etiqueta decía Michael, pero él prefería que le llamáramos por su alter ego, Charlie Angel.

Charlie Angel era budista, y también era una de las personas más amables que podrías conocer jamás. Tenía un corazón de oro.

Estar rodeado de Jenny y de Charlie Angel cada día no me ayudaba en esa época en la que estaba atravesando la crisis espiritual del cuarto de siglo.

¿En qué creo realmente?

¿Todas estas cosas son reales?

¿Quiero que me relacionen con personas como Jenny?

¿O solo quiero que la gente se sienta amada y apreciada?

Estas eran preguntas que rondaban por mi mente. No había asistido a la iglesia desde hacía casi dos años porque no soportaba estar con personas que no vivían lo que estaban aprendiendo. Por lo tanto, en realidad no creo que mis dudas tuvieran que ver con Dios, sino que eran cosas que tenían que ver con las personas. Y estamos viendo lo mismo en este momento con el movimiento de la deconstrucción. Las personas se están alejando de Dios por algo que una *persona* hizo o dijo, no por algo que Dios hizo.

Pero no siempre es fácil separar las dos cosas en nuestra mente.

Mientras procesaba en qué dirección quería ir con mi fe, me despidieron.

Bueno, nos despidieron a todos. Tenían que derribar la cafetería para construir un bloque de apartamentos.

No solo eso, sino que una empresa que yo estaba creando para tener un segundo ingreso se estaba yendo a pique, así que no estaba ni mucho menos en el lugar en la vida en el que pensaba estar a los veintiséis años, y acababa de romper con mi novia.

Hubiera podido manejar cada una de esas cosas por separado, pero la convergencia de las cuatro cosas a la vez se me vino encima como si se tratara de un saco de ladrillos.

Recuerdo estar sentado en el estacionamiento, llorando en mi automóvil y cuestionándome todo.

Dios, ¿eres real?

Si lo eres, ¿realmente eres bueno?

¿Te importa mi vida?

¿Por qué ocurren cosas malas?

¿Cómo me he quedado tan atrás en la vida?

Algo en mí se estaba avivando, pero no sabía lo que era. Esa noche decidí que iba a dar dos años a Dios: voy a estudiar, a orar, y haré lo que sea necesario para averiguar si Él es quien todos estos cristianos dicen que es. Y, después de dos años si nada cambia, terminaré definitivamente con el asunto de la fe.

Seis meses después, me mudé a Australia para estudiar la Biblia con un programa súper intensivo de nueve meses. Y durante mi tiempo allí fue cuando todo cambió para mí.

ESTÁ BIEN DUDAR

Cuanto más crezco, más me voy dando cuenta de que mis dudas no eran en modo alguno algo malo, sino precisamente el catalizador que me llevó hasta el lugar donde me encuentro hoy.

Dudar es completamente normal. Hace que seamos humanos.

Podemos dejar de fingir que todo está bien todo el tiempo y que siempre hay una respuesta sólida que dar. A veces no la hay. Algunas veces es necesario cuestionar las cosas.

Lo que importa es en lo que se convierte la duda.

Y espero que sea algo beneficioso.

Mateo, escribiendo su Evangelio, cuenta la historia de lo que ocurrió justo después de la resurrección de Jesús. Dijo que los once discípulos fueron a Galilea para encontrarse con Jesús en el monte, tal y como les había indicado Él. Mateo lo describió diciendo: *Y cuando le vieron, le adoraron; pero algunos dudaban.*[1]

Algunos adoraron a Jesús.

Algunos dudaban de Jesús.

No es que fuera algo ideológico que algunos de los discípulos aún no habían aceptado, sino que era la resurrección de Jesús. Él acababa de regresar de la muerte. Este era el gran momento para que todo cobrara sentido para ellos, no algo que deberían tratar por encima.

Pero, aun así, algunos de los discípulos se mantuvieron a la distancia y dudaban.

Qué hermoso es que Mateo incluyera esta frase.

Y la respuesta de Jesús fue incluso más hermosa. Él guardaba silencio. Pasó a enviar a los discípulos al mundo.

Jesús no los juzgó, no les gritó, ni les dijo cuál era la manera "correcta" de pensar. No, sino que les permitió procesarlo, cuestionarse y dudar de lo que estaba sucediendo. Hubo espacio para todo eso.

Algunos días la vida es buena, y otros días la vida es un desastre. No deberíamos cubrir lo malo solo para proteger nuestra imagen. Experimentar ambas cosas es lo que significa ser humano.

ALGUNOS DÍAS LA VIDA ES BUENA Y OTROS DÍAS LA VIDA ES UN DESASTRE. EXPERIMENTAR AMBAS COSAS ES LO QUE SIGNIFICA SER HUMANO.

Es saludable cuestionarse las cosas. No podemos pretender que la Biblia sea clara del todo en todos los temas. En realidad, hay áreas grises, y como resultado, las iglesias se han dividido y hay miles de denominaciones. Si no dejamos espacio para la duda, esta nos carcomerá por dentro y causará que haya un montón de respuestas cristianas débiles a preguntas importantes en lugar de respuestas meditadas y bien expresadas.

Si tienes preguntas, está bien.

Si tienes preocupaciones, está bien.

Si dudas de todo, está bien.

Eso significa que eres humano. Celebra el viaje en el que estás. No hay vergüenza en eso.

Así que toma esas preguntas, preocupaciones y dudas y conviértelas en algo beneficioso. No creas que eres la primera persona que las tiene. Estudia, ora, escucha a Dios. Deja espacio para todo eso. Este es el momento de acercarte a Él de una forma real. Solo entre tú y Él.

Jesús terminó la Gran Comisión diciendo: *Y he aquí yo estoy con vosotros todos los días, hasta el fin del mundo.*[2]

Para los creyentes y para los que dudan.

Él dijo: "Yo estoy con vosotros".

No importa cuánto nos desviemos del camino, ya que Jesús sigue estando ahí con nosotros.

ESTÁ BIEN AFLIGIRSE

Quiero ser muy claro cuando hablo de mirar lo bueno y tener una visión optimista de la vida. No estoy sugiriendo que suprimas tus sentimientos en lo más mínimo. Es completamente normal y muy importante experimentar todos los sentimientos. Si estás lidiando con algunas cosas realmente duras de la vida, es entendible, y deberías dedicar un tiempo para afligirte.

Este libro habla de ir al otro lado de esas emociones una vez que has pasado por ellas y ya tienes un atisbo de esperanza nuevamente.

David Benner dijo una vez: "Es relativamente fácil tener un encuentro con Dios en los momentos de gozo o de felicidad. En estas situaciones sentimos que Dios nos ha bendecido. El reto es creer que esto también es cierto, y conocer la presencia de Dios, en medio de la duda, la depresión, la ansiedad, el conflicto o el fracaso. Pero el Dios que es Emanuel está igualmente en esos momentos que nunca escogeríamos, como en los que siempre escogeríamos gustosamente".[3]

Recuerda que Jesús dijo: "Y he aquí yo estoy con vosotros todos los días, hasta el fin del mundo", y no "yo estoy con ustedes cuando las cosas van bien", o "yo estoy con ustedes cuando quieran que yo esté". No, sino que dijo: "Yo estoy con vosotros siempre". Cuando nos suceden cosas buenas y cuando nos suceden cosas males. Él siempre está ahí.

La Biblia está llena de textos cuyo propósito es estar a tu lado cuando pases por momentos difíciles. Estos pasajes reconocen que la tristeza y la desesperación son una parte necesaria de la experiencia humana, y nos ayudan a procesar todo eso. Muchas veces, no hay un sentido concreto detrás de nuestro sufrimiento o una respuesta al porqué está sucediendo eso; es más un resultado de lo que significa ser humano. A las personas buenas les suceden cosas malas porque vivimos en un mundo pecaminoso. Lo importante es cómo interactuamos con el sufrimiento y lo que permitimos que venga de él.

Has de saber que no estás solo. Al margen de la experiencia, el escritor bíblico identifica y proporciona un hogar para los que están atravesando momentos difíciles de intensa oscuridad.

Muchas veces no hay una respuesta, pero hay esperanza para lo que llegará.

Lamentaciones es un pequeño libro de la Biblia que a menudo lo pasamos por alto porque la gente realmente no sabe qué hacer con el dolor y el sufrimiento, que es de lo que habla este libro.

Es en realidad un libro de cinco poemas que se produjeron justo después del asedio de Jerusalén en el año 587 a. C. Los babilonios acababan de entrar en la ciudad y habían destruido todo por completo, llevándose al primer grupo de israelitas al exilio.

Había sangre, fuego, humo y lágrimas. No era una escena hermosa.

El autor de Lamentaciones camina entre los escombros, recordando lo que una vez fue, cuestionándose todo y viviendo en una confusión total.

"¿Cómo es posible que Dios haya podido permitir que suceda esto a su pueblo?".

Y así lloraba, y se enojaba, y se amargaba, y le gritaba a Dios en busca de respuestas. Pero no había ninguna.

Por alguna razón, compartir emociones como las del autor puede resultarnos incómodo porque vemos a muchos otros cristianos que parecen tener vidas perfectas. Por lo tanto, fingimos cuando estamos a su alrededor aparentando que todo está bien, incluso cuando a veces no todo está bien. Incluso cuando a veces lo único que quisieras hacer es llorar, enojarte y gritarle a Dios: "¡¿Por qué?!".

Bueno, ¿sabes qué? A Dios no le da miedo eso. De hecho, anima a que lo hagamos en su Palabra, razón por la que se han preservado libros como Lamentaciones y Salmos durante tanto tiempo: para enseñarnos a afligirnos apropiadamente.

A través del dolor es como encontramos la verdadera sanidad.

Así que suéltalo. Pasa por ello. Permite que las lágrimas te limpien de todo lo que has estado guardando por tanto tiempo.

Es normal afligirse, pero no es normal fingir que todo está bien todo el tiempo cuando realmente no todo está bien. Ve hasta el fondo y suéltalo. En el cuadro general, las etapas solo duran un tiempo corto. Vienen y van.

Las etapas también pueden ser aterradoras porque el inicio de cada nueva etapa significa que se termina una vieja etapa, y no hay una forma correcta de procesarlo. A algunos nos resulta fácil, y para otros es algo muy difícil.

Mi esposa y yo nos mudamos recientemente a Mineápolis después de pasar dos años en Miami. No esperábamos mudarnos tan rápidamente, pero a veces las cosas funcionan así y tienes que hacerlo. Realmente no tuvimos tiempo para procesar lo que estaba ocurriendo porque sucedió de forma muy rápida. Un día estábamos viviendo con sol y en el paraíso, y al día siguiente estábamos recogiendo hojas secas con el rastrillo, preparándonos para que cayera la nieve.

A veces, una mudanza provoca una nueva etapa.

A veces, es la pérdida del empleo.

A veces, es un divorcio.

Cualquiera que sea el dolor que podrías estar experimentando, debes saber que con cada final hay un nuevo comienzo, y que Dios está contigo en medio de todo. Así como en todas las historias de la nueva creación, algo debe morir para que nazca algo nuevo. No hay modo de regresar a como eran antes las cosas. Así que mantén tu enfoque delante de ti y acepta todo lo que Dios te está dando en esta nueva etapa.

Para algunas personas podría ser útil marcar esas etapas de alguna manera. En la Biblia vemos personas edificando altares y poniendo piedras para recordar de dónde venían y cómo les había ayudado Dios.

¿Cuáles son algunas maneras en que podrías marcar tales momentos en tu vida?

Tal vez comprando una pieza de arte o de cerámica.

Quizá significa escribir acerca de esos momentos para que un día puedas transmitir tus recuerdos a tus nietos.

Personalmente, me gustan los tatuajes. Así que a mí, cuando suceden en mi vida cosas importantes, me gusta hacerme un tatuaje para representar ese momento y la fidelidad de Dios. Por ejemplo, tengo una gran ballena en el antebrazo. Lo llamo mi tatuaje Jonás porque por años estuve huyendo del Señor, pero Él estuvo persiguiéndome todo el tiempo. Encima de la ballena están las coordenadas donde vivía en Australia, porque ese fue un momento clave en mi relación con Él.

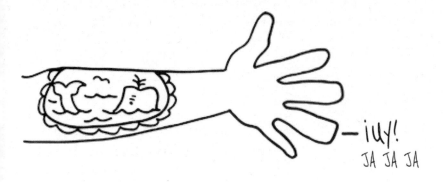

No importa lo que hayas vivido, tan solo has de saber esto…

Al otro lado de la duda

el dolor

y las preguntas

hay esperanza.

Pero tienes que seguir avanzando, o de lo contrario te quedarás atascado en el lío para siempre.

Usa el dolor y hazte más fuerte.

Usa la duda y aprende más.

Usa la etapa pasada para que te lance hacia una nueva etapa saludable.

Tenemos que aprender a ser agradecidos por aquello que hemos atravesado y tener esperanza de hacia dónde nos dirigimos.

✴ ✴ ✴

Hace unos años atrás pasé una semana en Jackson Hole, Wyoming, con un grupo increíble de gente. Unas personas de mi ciudad nos invitaron a ir con ellos de aventura y hablar de Jesús. Me apunté.

Mi amigo Matt y yo fuimos juntos hasta allí; sin importar cuál fuera el itinerario, estábamos listos para superarlo. Y lo superamos.

Día uno: pesca con mosca.

Día dos: montar a caballo.

Día tres: senderismo.

Fue el tercer día cuando el viaje comenzó a superarme a mí.

Nuestro grupo se reunió a las 7 de la mañana para subir caminando el Grand Tetons. Era una mañana de ensueño. Nos atamos las botas de senderismo muy fuerte, nos pusimos una capa extra de ropa, y salimos. La cumbre que decidimos alcanzar ese día estaba a unos cuarenta y cinco minutos, pasando al lado de ciervos y otras alimañas salvajes por el camino.

Si alguna vez has subido hasta la cumbre de una montaña, es el paisaje más espectacular, pues se pueden ver todas las cimas y los valles.

Es la *tranquilidad* resumida en una instantánea.

Nuestro guía dio al grupo un rango de dos horas de tiempo para explorar o para orar. Un grupo de cinco llegamos a la conclusión de que, lo mejor que podíamos hacer, era descender hasta el lago en medio de la cordillera y bañarnos, aunque había una fina nevada en el aire.

De bajada al lago, oímos que uno de los demás tipos gritaba desde la distancia: "¡Oso!".

Así que todos nos detuvimos. Se me aceleró el corazón, y nuestros diez ojos escanearon el panorama para detectar algún movimiento. Entonces, a unos veinte metros de distancia pasó un pequeño oso pardo, probablemente intentando encontrar a su madre.

Seguimos caminando, y finalmente llegamos hasta la playa de arena entre dos cumbres. El agua cristalina era mágica.

No voy a mentir, en este instante yo estaba a punto de acobardarme. Hacía frío, y recuerda que realmente no me gusta estar frío y mojado.

Pues bien, tres de los tipos me convencieron de que me metiera, mientras que mi amigo Matt se quedó en tierra seca grabando un video de la experiencia.

Todos nos quedamos en ropa interior y echamos a correr. Mi plan era entrar solo unos metros porque el agua estaba helada, pero el ímpetu me hizo seguir hasta estar totalmente sumergido. En un punto, la rodilla me falló por alguna razón, pero no podría decirlo debido a que no sentía los pies.

Cuando regresamos a la orilla miré al grupo, y me salía sangre del pie. No fue un pequeño corte.

Podía meter el dedo en la raja.

Estábamos en medio de una cordillera montañosa, así que empecé a asustarme. Pensé que me iban a tener que sacar de allí en helicóptero.

Matt era un profesional manteniendo la calma bajo presión, así que me llevó de regreso a la realidad y tuvimos que encontrar una solución, y pronto. Uno de ellos me dio su bandana para atármela al pie a fin de que dejara de sangrar. Otro me dio una barrita de proteína. Y Matt me dejó su hombro para que me apoyara en él mientras comenzábamos el ascenso y después hasta el otro lado de la montaña, cuarenta y cinco minutos en cada trayecto.

Si no hubiera sido por Matt, no lo habría logrado.

Matt estaba saliendo de un cáncer en ese entonces, pero aun así me prestó su energía para ayudarme.

Poco después del viaje, el cáncer de Matt regresó con toda su fuerza, y no terminó como todos estábamos orando que lo hiciera. Yo no estuve al lado de Matt hacia su final. Él fue una especie de superhéroe para mí, así que esperaba que lo superaría. No le devolví el favor de apoyarse en mí cuando él cojeaba. Y eso es algo con lo que lucho a menudo.

¿Qué te hace cojear en la vida?

¿En qué te tienes que apoyar para superar las épocas duras?

Ya sea que te apoyes en alguien o permitas que otra persona se apoye en ti, no esperes a lamentarlo cuando ya es demasiado tarde. Métete en el agua con los que te rodean y quédate ahí para lo que te necesiten, ayudando al otro al margen de cuál sea la situación.

AHÍ ES DONDE INTERVIENE EL GOZO

Ahí es donde el gozo entra en juego. Es al otro lado de la dificultad. Es cuando consigues superarlo, experimentando todas las emociones posibles, y lo único que te queda es una sensación de alivio.

El gozo está ahí presente.

Puedes volver a respirar y sonreír, y reír una o dos veces.

La vida es frágil y algunas cosas son muy duras; sin embargo, tú y yo estamos aquí hoy. Tenemos una oportunidad en esta cosa llamada vida. Podemos decidir sacarle el mejor partido o el peor. Y, con Jesús, tu gozo puede ser eterno.

Tim Keller habla a menudo de cuán necio es asentar tu gozo en cosas que se pueden perder. Él argumenta que el mundo piensa que el gozo se puede encontrar en las cosas de este mundo. Eso se debe a que tenemos estallidos de gozo de vez en cuando, pero estamos buscando un gozo que perdure. Él ilustra este punto mediante la narrativa de C. S. Lewis de su búsqueda del gozo en su autobiografía, *Sorprendido por la alegría*. En él, Lewis escribe sobre encontrar un gozo efímero en libros y amigos, dos grandes cosas.

Pero, finalmente, Lewis encontró a Jesús.

Entonces, sabía que todos los demás gozos no eran sino señales que guiaban hasta Jesús. Keller explica el argumento de Lewis:

> Él dice que, si estás perdido en el bosque y te encuentras con un letrero, es algo importante. El primero que ve el letrero en el bosque dice: "¡Mira!". Todo el grupo se junta y dice: "Ah, por fin. Esa es la dirección". Pero, si has encontrado la carretera y estás pasando letreros cada varios kilómetros, no te detienes y miras fijamente los letreros. Esas señales te animan, y estarás agradecido con las autoridades que los pusieron.
>
> "Pero no nos detendremos a mirar, o no mucho... aunque sus pilares sean de plata y sus letras de oro". Porque: "'Estaríamos en Jerusalén'". ¿Ves el punto? Él dice que, si realmente estás perdido, cuando encuentras un letrero te emocionas por ello. Sin embargo, cuando conoces el camino, cuando sabes hacia dónde señalan los letreros, es cuando estás en el camino. No te detienes y miras los letreros.[4]

Keller resume adónde quería llegar Lewis:

Él se da cuenta de que la comida, los amigos, el éxito, la aclamación, la popularidad, el dinero… todas las cosas de las que pensamos: "Si tuviera eso, sería feliz", son letreros. Así que disfrútalos. ¡Algunos son geniales! Algunos están hechos de plata con letras de oro, pero no confundas los letreros con aquello a lo que señalan, aquello que indican, que es la ciudad de Dios, que es Dios mismo. Eso te libra de tener miedo a disfrutar las cosas de esta vida o, al mismo tiempo, de poner demasiado tu corazón en ellas.[5]

Así que disfruta de tu vida. Dios nos creó para ser seres humanos alegres. Como creyentes, somos ejemplos de Jesús en la tierra.

Para que la gente quiera lo que nosotros tenemos, necesitamos ser personas

alegres,

esperanzadas,

agradecidas,

amorosas,

y una influencia positiva en la sociedad, no solo para nosotros mismos sino también porque estas acciones reverberan en la cultura y pueden tener un impacto transformador.

Sería un perjuicio para nosotros vivir de otro modo.

Hace unos años atrás, me invitaron a trabajar en una cena para uno de nuestros clientes. La casa era enorme. El ala izquierda de la casa eran las habitaciones, mientras que el ala derecha era el lado de eventos, preparado y lleno para funcionar en cualquier momento.

En ese entonces sucedió que el Dalai Lama estaba en la ciudad para una merienda.

Una locura, lo sé.

En el sótano del lado del entretenimiento de la casa había un cuarto lleno de guitarras firmadas por varias personas. Toques la guitarra o no, probablemente era la sala más bonita que jamás hayas visto.

En un momento oí risas que salían de la habitación, pero sabía que los trabajadores ya no tenían que estar en esa sala. Así que me asomé por la puerta por la curiosidad, y dentro había dos de los monjes que habían llegado con el Dalai Lama, tocando una de las guitarras. No cualquier guitarra. Era la guitarra de Gene Simmons del grupo Kiss.

Y esos dos monjes me miraron con una alegría que me hizo detenerme en seco. Era el gozo más puro e infantil que había visto en mucho tiempo, haciendo que mi interior se llenara de felicidad.

¿Sabes cuán asombroso es ver a alguien pasándola en grande? Hace que tú mismo te alegres. Y compartir tu gozo ayuda a otras personas haciendo que la carga que llevan a cuestas parezca más ligera.

Esto es lo que significa ser humano.

Sentirlo todo.

Hacer preguntas.

Enojarse.

Afligirse.

Lamentarse.

Pero, después de todo, el resultado final debería ser gozo, paz, amor y gratitud.

GUITARRA DE GENE SIMMONS

8

MIRA LO BUENO

La expansión de la COVID-19 puso al mundo entero en pausa en el año 2020, con repercusiones que afectarán a los años siguientes, si no a toda la década. Todo es diferente ahora.

Estoy bastante seguro de que la palabra *girar* nunca será igual.

Cada persona, cada empresa, todo tuvo que aprender a girar.

Gisela y yo nos comprometimos aproximadamente un mes antes de que el mundo se cerrara; por lo tanto, tuvimos que aprender a girar nuestra historia de amor si no queríamos estar comprometidos indefinidamente. Sin embargo, mi intención era que nos casáramos.

Una tarde, Gisela y yo, junto a mis amigos Caleb y Anthony, estábamos entrenando en el salón de nuestra casa. Las complicaciones para conseguir una licencia matrimonial era lo último que teníamos en mente, hasta que Anthony dijo que todos los edificios gubernamentales en Miami habían cerrado.

Teníamos planeado casarnos un mes después, y ahora no sabíamos si podríamos conseguir una licencia matrimonial.

Llamé a la oficina más próxima, y su respuesta fue básicamente que no tuve suerte.

Llamé a la del siguiente condado. La misma respuesta.

El siguiente condado, y lo mismo.

Oh, oh.

Llamé a todos los condados de Florida, y la única que estaba abierta en ese entonces estaba en Fort Myers, a dos horas de camino, y cerraban al día siguiente.

Lo dejamos todo, nos subimos al auto, y comenzamos un divertidísimo viaje cruzando la península.

Cuando llegó el día de nuestra boda un mes después, también tuvimos que girar.

Como el mundo estaba cerrado, y no nos podíamos reunir en grupos de más de seis, encontramos un estacionamiento a unos kilómetros de nuestra casa y allí lo organizamos. Éramos literalmente un pastor, los padres de G, nuestro amigo Caleb y nosotros, con mis padres por FaceTime.

Indudablemente no era la situación ideal, pero fue perfecto.

Lo que lo complicó un poco más fue que, debido a que mi mamá es inmunodeprimida, tuvimos que esperar todo un año de cuarentena para poder abrazar a mis padres. Por fortuna, pudimos visitar Minnesota cada mes para verlos en persona, pero siempre era a la distancia y siempre en exteriores.

Íbamos a un parque y comíamos pizza en bancos de picnic separados.

Íbamos a pescar, pero nos quedábamos en muelles distintos.

Cuando llegó el invierno, tuvimos que modificarlo un poco. Íbamos a caminar dando la vuelta al bloque, o íbamos a caminar por la nieve con raquetas, o nos sentábamos en el garaje abrigados con ropa de nieve porque los inviernos en Minnesota son de otro nivel.

Giramos, pero la experiencia compartida nos acercó más.

Otra cosa que nos acercó a G y a mí durante la cuarentena fue conseguir un perro. Recogimos a Nyla en Filadelfia cuando tenía ocho semanas. En retrospectiva, no teníamos ni idea de lo que estábamos haciendo. Ni G ni yo habíamos crecido con un cachorrito, y por muchos libros que hayas leído o videos que hayas visto, hasta que tienes uno no llegas a entenderlo.

¿Alguien puede decir amén?

La primera noche, Nyla estaba agotada del viaje, así que yo estaba bastante seguro de que iba a dormir un buen rato. La pusimos en su cajón, pusimos a sonar una lista de YouTube llamada "¡15 HORAS de música para ansiedad por separación para relajar a los perros! ¡Ha ayudado a 4 millones de perros en todo el mundo! ¡Nuevo!"; y no sé por qué, pero pensé que funcionaría.

Y funcionó.

Aproximadamente por una hora.

Fue entonces cuando empezó a sentir la ansiedad, aunque el video de YouTube afirmaba claramente que eso no sucedería. Así que me fui a dormir al sofá al lado de su cama.

Y funcionó.

Por una hora.

Después me trasladé al piso; sin embargo, no era lo suficientemente cerca. Nyla necesitaba entrar en contacto conmigo, así que eché mi brazo por encima del corralito, dando vueltas durante el resto de la noche.

Me desperté (bueno, no es que hubiera dormido mucho), pero "desperté" a las 5 de la mañana, tumbado en el piso con una almohada diminuta, sin manta, con el brazo dormido por la pérdida de circulación, con la música de YouTube sonando; y, no es broma, comencé a llorar.

Me sentía fatal. Me estaba cuestionando todo. Y busqué en Google cuáles eran las condiciones para devolver un cachorro. Me había hartado.

¡15 HORAS DE MÚSICA PARA LA ANSIEDAD POR SEPARACIÓN PARA RELAJAR A LOS PERROS! ¡HA AYUDADO A 4 MILLONES DE PERROS EN TODO EL MUNDO! ¡GUAU!

Sin embargo, si has tenido un cachorro, sabrás que cada día va siendo un poco más fácil, y el amor que desarrollas por esa bola de pelo hace que todo valga la pena.

Tras un año de esperar para poder abrazar a mis padres, el país comenzó a abrirse de nuevo, y mi mamá y mi papá se sentían cómodos estando cerca de otras personas. G y yo compramos el primer boleto que encontramos para que pudieran abrazar a su nuera tras esa larga espera. Llegamos hasta su casa con Nyla en brazos y ellos salieron corriendo a recibirnos, apretándonos mucho más tiempo del que normalmente sería aceptable, y todos comenzamos a llorar.

Eran lágrimas de la buenas.

Verás, tener una actitud de agradecimiento significa que buscas la manera de hacer limonada cuando solo tienes limones.

No te preocupas de lo que traerá el mañana, sino que celebras lo que está sucediendo en el presente.

Siempre enfócate en lo positivo de la situación.

Y la gratitud nos conecta a otros y a Dios.

LA VIDA ES UN REGALO

Para muchas personas es difícil ver cómo la vida se puede considerar un regalo, porque eso significa que tendrían que reconocer al Dador de ese regalo. La mayoría de las personas quieren hacer parecer que no necesitamos la ayuda de nadie. Nos enorgullecemos de nuestra independencia.

La tradición judía tiene una visión inspiradora de la gratitud de la que creo que cada persona, al margen de su religión, puede aprender algo. Cada día, la meta de quienes lo practican es recitar cien bendiciones o agradecimientos a Dios, comenzando con dieciocho bendiciones nada más levantarse en la mañana.

La idea es que, mientras duermes, tu alma deja tu cuerpo, y qué mejor forma de regresar a la realidad al despertar que recitar dieciocho bendiciones.

¿Por qué dieciocho?

Porque, en el judaísmo, cada letra está representada por un número, un sistema llamado *gematría*, y números/letras cuando los pones juntos crean una palabra. En este caso, el número dieciocho es una combinación de las letras *chet* y *yud*, creando la palabra *chai* (que se pronuncia kai).

Chai significa vida.

Así que, la razón por la que muchos judíos comienzan su día con dieciocho bendiciones es porque están agradecidos por otro día de vida.

Agradecidos por tener ropa que vestir.

Ojos para ver.

Pies sobre los que apoyarse.

Fuerza para moverse.

La lista continúa, y durante el día hay un total de más de cien bendiciones compartidas.

Imagina cuán distinta sería nuestra visión de la vida si dijéramos cien cosas por las que estamos agradecidos todos los días. Automáticamente nos asentaría, y tendríamos mucha más claridad en cuanto al cuadro más amplio. Veríamos que la mano de Dios sobre cada cosa es un regalo. Todo. Desde las profundidades de la creación hasta el momento más pequeño.

Él tiene su mano en cada cosa creada que vemos y que no vemos. Dios nos está diciendo que miremos alrededor y veamos todas las cosas buenas que Él hace. Muchas veces nos convertimos en unos quejicas, quejándonos por las cosas más triviales de la vida. Sí, hay muchas cosas malas que suceden a nuestro alrededor en el mundo, pero nuestra responsabilidad es mejorarlas en lugar de empeorarlas. Cada día tenemos la oportunidad de enfocarnos en tomar acciones y formar disciplinas que nos acerquen más al reino.

Santiago, el hermano de Jesús, nos enseña que toda buena dádiva procede de Dios.1 Cada una de ellas.

El amanecer.

Otra respiración.

Comida.

Hijos.

Todo bueno. Todos ellos son regalos.

El error más grande del mundo es tener la mentalidad de que se nos debe algo de todo eso. Tenemos que cambiar nuestra actitud y situarla en un lugar de agradecimiento hoy, no mañana. No cuando estamos enfermos y finalmente apreciamos la buena salud. No cuando las cosas van mal económicamente y apreciamos lo que teníamos. No, seamos un pueblo que aprende a apreciar cada cosa ahora.

Solo decir "gracias" es una de las formas más simples de orar, pero nos acerca a Dios en otros niveles. Darle gracias por las cosas grandes y por las pequeñas. Admitir que la fuente de todo lo bueno es Él, y no algo que nosotros podamos hacer.

Y, cuanto más le damos gracias a Dios, más lo vemos moviéndose en nuestra vida. Un objeto en movimiento se mantiene en movimiento; es ese tipo de situación. Mientras más esté en nuestra mente la bondad de Dios, más fuerte será nuestra sensación de ella. Comenzaremos a verlo obrar en nosotros y a nuestro alrededor constantemente. Su presencia será cada vez mayor, permitiéndonos apreciar lo que hay aquí mismo.

O Dios está presente en cada momento, o no lo está.

¿Cuál de las dos premisas crees?

Algunos necesitamos un cambio completo de actitud. Vamos a encontrar aquello que busquemos. Si creemos que Dios es bueno y estamos constantemente agradecidos por todo lo que está haciendo en nuestra vida, lo veremos más. Y lo contrario también es cierto.

A medida que crecemos en nuestra relación con Jesús, el Espíritu Santo nos empodera y nos ayuda con el proceso de renovación de nuestra mente para poder mirar las cosas desde una perspectiva distinta: desde la perspectiva de Él. Veremos lo que es importante y lo que no lo es. Nos daremos cuenta de que están sucediendo muchas más cosas aquí de las que pareciera.

Ahora, cuando se nos derrame el café en los pantalones o nos metamos en un atasco de tráfico, no será la gran cosa.

Los psicólogos han estado discutiendo los efectos que tiene la gratitud a largo plazo. La gratitud no solo influye en nuestra relación con Dios, sino que también mejora nuestro bienestar.[2]

La gratitud es conocida por:

SUBIR LA AUTOESTIMA.

Hacer que caigamos bien a la gente.

Hacernos más optimistas.

Mejorar las amistades.

Mejorar las relaciones románticas.

Mejorar el sueño.

Mejorar la toma de decisiones.

Alivio del estrés.

Reducir el azúcar en sangre.

Y la lista continúa y continúa.[3]

En Lucas 17:11-14 el autor relata una historia sobre la interacción de Jesús con un grupo de diez leprosos.

Dice: *Yendo Jesús a Jerusalén, pasaba entre Samaria y Galilea. Y al entrar en una aldea, le salieron al encuentro diez hombres leprosos, los cuales se pararon de lejos y alzaron la voz, diciendo: ¡Jesús, Maestro, ten misericordia de nosotros! Cuando él los vio, les dijo: Id, mostraos a los sacerdotes.*[4]

Porque, en aquella época, para ser aceptado de nuevo en la sociedad un sacerdote tenía que declararte limpio. Los sacerdotes eran considerados una fuente confiable, y reconocerían el milagro que había ocurrido.

La historia continúa: *Y aconteció que mientras iban, fueron limpiados. Entonces uno de ellos, viendo que había sido sanado, volvió, glorificando a Dios a gran voz, y se postró rostro en tierra a sus pies, dándole gracias; y este era samaritano.*[5]

Nota al margen: el pueblo judío odiaba a los samaritanos. El hecho de que Jesús destacara algo bueno de un samaritano, una y otra vez, era muy molesto para una audiencia judía.

Respondiendo Jesús, dijo: ¿No son diez los que fueron limpiados? Y los nueve, ¿dónde están? ¿No hubo quien volviese y diese gloria a Dios sino este extranjero? Y le dijo: Levántate, vete; tu fe te ha salvado.[6]

Los diez fueron sanados. Jesús no impuso manos sobre ellos. Les dijo que se fueran al sacerdote, y con su obediencia, al ir, todos fueron sanados físicamente.

Lo que es asombroso notar es que Jesús le dijo al hombre que regresó: "Tu fe te ha salvado", muchas veces traducido como "sanado". La sanidad física no es la meta, sino la salvación, que consiste en bienestar físico, mental y espiritual.

Su obediencia produjo sanidad física.

La fe de este hombre le produjo salvación.

La gratitud del samaritano por lo que Jesús hizo levantó su fe.

Vivir con un corazón agradecido levanta nuestra fe y nos lleva a un mayor bienestar, físico, mental y espiritual.

Cuanto más agradecidos estemos, más veremos a Dios en todo y cómo se está moviendo a nuestro alrededor. Es una decisión que tenemos que tomar diariamente. Hay 86 400 segundos en un día; no nos va a hacer daño tomar unos cuantos de esos segundos y darle gracias a Dios por todas aquellas cosas con las que nos ha bendecido.

UNA SENSACIÓN DE ASOMBRO

Al haber crecido en Minnesota, comencé a hacer *snowboard* a temprana edad. La primera vez que me subí a una tabla fue cuando tenía nueve años. Mi primo recibió una por Navidad ese año y me invitó a probarla.

Me enganché.

Sin embargo, a medida que fui creciendo, mis amigos cada vez mejoraban más, probando más trucos asombrosos y, a decir verdad, yo no tenía el valor de intentar la mayoría de ellos. Yo hacía saltos y piruetas si solo me levantaba unos metros del suelo; pero pensar en caerme sobre el cemento mientras me deslizaba por rieles en medio de la ciudad me daba escalofríos.

¿Sabías que la nieve de Minnesota es distinta a la nieve de las montañas? Aquí tenemos grandes colinas y mucha cantidad de nieve, pero está mojada y pastosa, o se hiela por encima y se pone más dura que una piedra. La mayoría del tiempo en realidad tenemos máquinas que crean nieve y la disparan sobre las colinas. La primera vez que probé la nieve en polvo fresca fue algo revolucionario.

Uno de mis lugares favoritos para ir a hacer *snowboard* es Whitefish Mountain Resort en Big Mountain, Montana. Mis amigos y yo por lo general rentamos lo que se llama una casa de esquiar, que es básicamente una casa en la ladera de la montaña para no tener que viajar hasta el hotel todos los días. Está ahí mismo.

Lo que más me gusta del *snowboard* sobre nieve en polvo fresca es sentir que estoy surfeando sobre tierra.

Lo mejor que se puede hacer es salir del trazado e ir al bosque, surfeando entre los árboles. Tienes que asegurarte de tener un casco y lentes de nieve, ¡porque las ramas se te vienen encima muy rápido!

Durante uno de nuestros viajes a Whitefish, mi amigo Connor se levantó temprano en la mañana antes de que los demás nos despertáramos. Mientras hacíamos el desayuno, regresó con una expresión peculiar en sus ojos, y lo único que decía era: "Encontré a Jesús".

Connor iba a una universidad cristiana, así que imagino que pensé que él ya era creyente, pero en ese momento se comportaba de manera extraña. Con los ojos muy abiertos, no decía otra cosa ni tampoco se explicaba. Pensé que estaba bromeando con nosotros, o que alguien añadió algo a su café en el telesquí, porque era raro.

Los demás nos mirábamos unos a otros, como diciendo: *Este tipo se ha vuelto loco*. Pero no lo estaba.

Fuimos por nuestras tablas, y él nos llevó al lugar que encontró. En la cara frontal de la montaña, metida en el bosque, había una estatua de Jesús de más de dos metros.

Connor no estaba mintiendo.

Nos sentamos en la montaña, mirando la majestuosidad de la creación de Dios junto a Jesús. Respirando. Asintiendo lentamente con la cabeza y pensando: *Vaya, Él hizo todo esto para nuestro disfrute. ¡Qué increíble!*

Si quieres conocer a Jesús, ve a Whitefish, Montana. Indudablemente, Él está allí.

Dios está tan presente en lo físico como en lo espiritual.

A menudo oigo que los cristianos menosprecian lo físico e intentan explicar que la vida espiritual es lo único importante. Eso se llama gnosticismo, la separación de la carne y el espíritu, y se consideraba una herejía en la iglesia primitiva.

El pensamiento griego de la antigüedad estaba más preocupado por el espíritu que por la carne. El espíritu se veía como algo que era puramente bueno y hermoso, mientras que la carne se consideraba algo sucio y temporal.

Las primeras comunidades cristianas coqueteaban mucho con el gnosticismo, y como respuesta se tardó unos cuatrocientos años en ser eliminado de la doctrina de la iglesia.

Sí, queremos estar plenamente consagrados a Dios transformando nuestras acciones y hábitos, ¡pero Dios también nos dio un cuerpo! Fue Dios quien se encarnó en forma de Jesús para salvarnos.

Por lo tanto, no se trata de negar nuestro cuerpo, sino más bien la expresión más pura del cuerpo es aquella que está totalmente consagrada a Dios. Y Él se mueve a nuestro alrededor en el día a día.

Uno de nuestros roles como cristianos es abrir nuestros ojos, detenernos en el asombro y la maravilla de nuestro gran Dios en lo físico. Suceden cosas malas cuando perdemos nuestra sensación de asombro, cuando ya no nos impacta la bondad de Dios.

Y, según vemos a Dios moverse a nuestro alrededor, deberíamos responder con un sentimiento de adoración y alabanza, dándole gracias por todas las cosas.

Dios lo creó todo, y toda la creación nos rodea. Se podría pensar que sería fácil mantener esa sensación de asombro y maravilla, pero por alguna razón no es tan sencillo. Algunos de nosotros, yo mismo incluido, perdemos esa sensación con el tiempo. Sucede. Nos distraemos con las cosas.

He descubierto que hay tres directrices que me han ayudado a mantener y aumentar mi sensación de asombro y maravilla que quizá también te ayuden a ti:

Frena.

Abre los ojos.

Ten por sumo gozo.

FRENA

Hay una historia en el libro de Éxodo que quizá muchos conocen bien. Es la historia de cuando Moisés está viviendo en el desierto de Madián con su esposa y la familia de ella. En este momento, Moisés ya no pertenece a la realeza egipcia. Era pastor de ovejas para su suegro, Jetro.[7]

Un día, mientras Moisés estaba pastoreando el rebaño, lo sacó hasta Horeb, el monte de Dios. Mientras paseaba por ahí, se topó con una zarza que ardía pero no se consumía. No sabía qué hacer, pero cuando se acercó para mirar de cerca, el Señor habló a Moisés a través del fuego, diciéndole que se quitara el calzado porque la tierra sobre la que estaba era santa.

Esta fue la primera interacción que Moisés tuvo con Dios. Aunque Moisés era hebreo y su pueblo era esclavo en Egipto, Moisés había sido bendecido con un lugar en la realeza egipcia durante la primera parte de su vida. Pero eso pasó. Moisés tiene un encuentro con YHWH por primera vez, y escucha todas esas cosas asombrosas que Dios va a lograr a través de su vida.

Una interpretación judía interesante de este texto dice que la zarza realmente llevaba ardiendo mucho tiempo, y que fue justo en este momento cuando Moisés finalmente se dio cuenta de ello.[8]

Podemos estar tan metidos en nuestra rutina diaria, siempre en movimiento, andando a un millón de kilómetros al minuto, que no nos fijamos en los momentos milagrosos en los que Dios está presente delante de nuestras narices.

Alice Walker en su novela *El color púrpura* escribió: "Creo que a Dios le molesta que camines al lado del color púrpura en un campo en algún lugar y no te des cuenta... La gente piensa que agradar a Dios es lo único que a Dios le importa; sin embargo, cualquier necio que viva en el mundo puede ver que siempre está intentando agradarnos en respuesta... siempre preparándonos pequeñas sorpresas y lanzándolas sobre nosotros cuando menos lo esperamos".[9]

¿Cuántas veces pasamos caminando al lado de zarzas ardiendo y no nos damos cuenta de ellas?

Yo no quiero seguir siendo así.

Quiero estar presente. Quiero frenar y ser testigo de los momentos de Dios en mi vida. Quiero responder al llamado de Dios diciendo lo que dijo Moisés: "Aquí estoy".

Úsame, Dios, úsame.

ABRE LOS OJOS

Como mis amigos del *snowboard* estaban más enfocados en hacer trucos desde grandes rampas y deslizarse sobre rieles en la ciudad, tuve que cambiar mi miedo a caerme en el cemento por la fotografía. Pensé que, si quería seguir en la cultura y ser parte del grupo, tenía que contribuir de alguna manera. Las fotos eran la clave.

La fotografía de *snowboard* en ese entonces era un poco distinta a como lo es hoy día.

Hoy puedes comprarte una buena cámara digital por varios cientos de dólares; pero en aquella época, cuando yo estaba en la secundaria, eso no era una opción.

Me metí en la fotografía de carrete y revelaba mis propias fotografías. Fui afortunado de tener clases optativas y tomé todas las clases de fotografía que pude, tantas que podía hacer mis propios proyectos. Llegó el último año, y me puse la meta de conseguir que una de mis fotos se publicara en alguna revista de *snowboarding* local.

Disparaba rollo tras rollo de *snowboarders* locales a los que realmente no conocía en la colina que había junto a mi casa. Hacían todos esos trucos que yo deseaba poder hacer, y estaba junto a ellos con mi cámara.

Clic.

Clic.

Clic.

Todo el proceso de la fotografía me fascinaba, no solo el momento de hacer las fotos.

En clase, preparábamos los negativos y revelábamos las que más nos gustaban. (No podíamos tomar cientos de fotos y ver el resultado al momento, como hacemos ahora). Había un arte en todo aquello. Cada disparo era importante; pero la manera de revelarla también era importante.

La imagen estaba en el papel fotográfico, pero no la podías ver al instante.

La foto no aparecía hasta que mezclabas el papel con los químicos correctos durante el tiempo indicado.

La imagen estaba ahí, pero había que prestar atención al detalle para verla.

Al final del semestre entregué algunas de mis fotografías favoritas a nuestra revista local de *snowboarding*, y el editor decidió usarlas. Yo estaba eufórico.

Sin embargo, la verdadera lección aquí estaba en el revelado: darse cuenta de lo que está ahí antes de que sea visible.

No solo tenemos que aprender a frenar, sino también tenemos que abrir nuestros ojos y ser conscientes de la presencia de Dios y su movimiento en nuestra vida. Si realmente creemos que Él está presente todo el tiempo, sería una vergüenza ignorarlo.

TEN POR SUMO GOZO

Cuando Gisela y yo nos casamos, ella me regaló un collar de oro con una cruz por un lado y el lema de nuestra vida por el otro:

Tened por sumo gozo.

Está sacado de Santiago 1:2-4, que dice: *Hermanos míos, tened por sumo gozo cuando os halléis en diversas pruebas, sabiendo que la prueba de vuestra fe produce paciencia. Mas tenga la paciencia su obra completa, para que seáis perfectos y cabales, sin que os falte cosa alguna.*

Llevo puesto ese collar cada día como un recordatorio de que, al margen de lo que suceda en mi vida, tengo que contar las bendiciones de cada momento con una actitud de gozo.

Las luchas en la vida son inevitables. Llegarán las pruebas. Cuando se refinan los metales, se ponen en el fuego para purificarlos. El fuego quema todo lo que no debería estar ahí, cosas que no permiten que el metal sea perfecto.

Cuando los momentos de refinamiento se presenten en mi vida, quiero estar incluso más enfocado en Dios. Cuando la mayoría de las personas lo apartan de su vida, yo quiero ser consciente de que Él es parte del proceso. Mi agradecimiento se convertirá en alabanza, incluso cuando alabar sea lo último que quiera hacer.

Pero siempre es importante vivir la vida desde la perspectiva de Dios, y no de la nuestra.

Me encanta cómo lo expresa Richard Foster: "Dios ha establecido un orden creado lleno de cosas buenas y excelentes, y lo natural es que, si pensamos en esas cosas, seremos felices. Ese es el modo que Dios nos da de llegar al gozo. Si pensamos que tendremos gozo solo orando o cantando salmos, nos desilusionaremos; sin embargo, si llenamos nuestra vida de cosas buenas y sencillas, y constantemente le damos gracias a Dios por ellas, descubriremos el gozo".[10]

Tenemos que mirar las cosas de forma distinta.

Tenemos que mirar lo bueno.

9

CÓMO SER UNA BENDICIÓN

"**J**esús sanó mis calcetines y me asusté", dijo Jimmy Kellogg, conocido por la mayoría como Jimmy Darts.

Espera, ¿qué?, pensé para mí.

He oído que Jesús sanó a personas, pero nunca un par de calcetines. ¿Quién soy yo para juzgar cómo Jesús capta la atención de alguien que está buscando?

Y Jimmy estaba buscando.

Jimmy Darts creció en una pequeña ciudad a unas horas al norte de donde yo vivo en Minnesota. Se crio en la iglesia y le enseñaron formas prácticas de amar a otros a temprana edad.

En Navidad, él y sus hermanos recibieron un sobre con doscientos dólares. Una mitad era para que se la dieran a alguien sin techo, y la otra mitad para gastarla en un regalo para ellos mismos.

La generosidad era un estilo de vida para estos niños.

Aunque Jimmy vio a Dios obrar en su vida, tenía un fuego que ardía en su interior por algo más, algo más loco, así que empezó a hacer fiestas a menudo cuando estaba en la secundaria y a hacer videos locos con sus amigos.

En una fiesta de fogatas en el bosque un fin de semana, Jimmy estaba saltando por encima del fuego para lucirse. De camino a casa se dio cuenta de lo mucho que se iba a enojar su mamá porque tenía agujeros en los calcetines que ella le acababa de comprar, los cuales tenían imágenes de Jesús en su diseño. Ella indudablemente se enteraría de lo de la fiesta, y eso no era una opción.

Así que Jimmy oró: *Jesús, necesito que me ayudes*, aunque no sabía lo que significaba eso del todo. Llegó a casa, metió sus calcetines en el cajón de la ropa interior, y se fue a dormir.

A la mañana siguiente, cuando la mamá de Jimmy fue a lavar la ropa, los calcetines estaban como nuevos, sin agujeros en ninguna parte.

Eso la asustó.

A la semana siguiente se encontró con un video de Billy Graham en YouTube que hablaba de que todos tenemos dos opciones: vivir para uno mismo o vivir para Jesús. En ese momento, Jimmy se puso de rodillas, se arrepintió, y volvió a dedicar su vida a Jesús. Iba a encontrar un modo de dirigir su energía juvenil y sus destrezas con el video hacia algo para el reino, aunque todavía no sabía cómo lo iba a hacer en concreto.

Con el paso del tiempo, la visión de Jimmy para el futuro creció. Quería comenzar una iglesia, pero no cualquier iglesia. Esta sería una iglesia donde personas como él quisieran ir. Algo divertido. Algo atrevido. Algo como una fiesta en una casa.

Piensa en bautismos con tobogán, un DJ y un mensaje claro del evangelio, todo ello rodeado de una gran generosidad. Toda la iglesia se edificaría sobre el versículo que dice: *"... ignorando que su benignidad te guía al arrepentimiento?"*.[1] Jimmy dijo: "Es realmente tan solo empapar a la gente de un amor radical, que luego se derrite en sus corazones para que puedan ver la verdad".

Entonces, ¿cómo comienzas a trabajar en una visión tan grande? Lo haces formando una comunidad de personas que crean en la misión.

Jimmy pasó años creando videos locos, y no tenía nada de miedo a la hora de tratar con desconocidos. Sus padres inculcaron en sus hijos el no tener miedo de las personas en la calle e interactuar con ellas. Así que, como resultado y sin importar la ciudad donde estuviera, Jimmy comenzaba a hablar a varias personas sin hogar, pensando: *Estas personas realmente son buena gente. Muchos de ellos sencillamente tienen situaciones desafortunadas.*

Esa era la clave.

Empezaría a crear videos impactando positivamente las vidas de desconocidos.

Simplemente se haría amigo de las personas en lugar de debatir sobre teología.

Viviría de forma práctica lo que significaba amar a otros.

Este era su *porqué*.

Ahora, Jimmy tiene millones de seguidores en las redes sociales, y cada día tiene la oportunidad de bendecir a desconocidos. Y sus seguidores se involucran extendiendo el amor de Jesús, ya sea que crean o no en Jesús.

Como la historia de un hombre llamado Yahayah. El reto de Jimmy para el día era hacerse mejor amigo de un desconocido. Sucedió que Yahayah sintió que Dios le dijo que fuera a la playa el mismo día. Por lo tanto, cuando Jimmy se acercó a Yahayah y le preguntó si quería ser su mejor amigo para ese día, Yahayah accedió de inmediato.

Jimmy y Yahayah pasaron el día escuchando testimonios del otro, patinando, jugando al baloncesto, yendo a comer, y pasando el mejor día de sus vidas.

Ahora bien, Yahayah no tenía hogar y estaba al límite. Le dijo a Jimmy: "Cuando te acercaste a mí en la playa, sabes, estaba en un momento en mi vida en el que sentía que todo se había terminado para mí, como si sintiera que lo mejor era morirme".

Así que Jimmy puso la CashApp de Yahayah en las redes sociales, y fue todo un éxito porque muchas personas quisieron ayudarle. En veinticuatro horas recaudaron más de 30 000 dólares para ayudarlo a salir de la mendicidad y cambiar su vida para siempre.

Jimmy tiene un modo de hacer que las personas se sientan vistas y sepan que Dios las ama, y la meta final de ganar todos estos seguidores es poder empezar algún día una iglesia tipo fiesta en casa para demostrar a las personas que el amor y las bendiciones que él comparte con el mundo cada día en verdad están arraigadas en el mensaje del evangelio. Todo comienza con un sencillo acto de bondad cada día.

Recuerdo oír sobre Jimmy Darts un año después de regresar de los Estados Unidos tras vivir en Australia, porque él era parte del mismo programa de estudio de la Biblia al que yo asistía, solo que iba un año por detrás de mí.

Mi amigo Rylee me contó sobre cómo ese tipo llamado Jimmy recaudaba dinero para ir a la juguetería local y comprar juguetes para cada niño que estuviera comprando en ese momento. A mí me pareció lo más hermoso del mundo; incluso en aquel entonces, sin ningún video que mirar, fui inspirado a amar mejor a quienes me rodean.

Y lo que espero es que Jimmy también te inspire a ti a amar mejor a quienes te rodean.

ESTÁS BENDECIDO

Si el mundo se creó por accidente y nuestra vida gira en torno a pasar por esta vida hasta que un día seamos transportados a otro mundo, entonces no reconoceremos el regalo de la vida. Si no hay Dador no hay regalo, y la vida pierde su sentido.

Sin embargo, cuando se expresa gratitud, se crea un vínculo entre el Dador y el receptor, y tal vez suceden más cosas aquí de las que el ojo puede ver.

La creatividad fue algo a lo que de niño me expusieron mucho porque mi mamá era muy creativa. Pintar y la joyería eran sus dos aficiones, así que no es de extrañar que yo también me sintiera atraído a esas cosas.

Comencé mi primer "negocio" a los nueve años mientras estaba de vacaciones en Naples, Florida. Dientes de tiburón y collares de caparazones eran mi especialidad. En la noche hacía docenas de collares, y después durante el día recorría la playa con un brazo lleno de belleza colgante. (O al menos a mí me parecían hermosos).

Mi pasión por crear cosas continuó a lo largo de los años, mediante la joyería, varias líneas de ropa, música y libros.

Usar tu creatividad es hermoso, pero lo que hace que sea aún más hermoso es que la uses con un propósito.

En el verano de 1997 mi mamá reunía a todos los niños del barrio cada semana para diferentes proyectos de arte y manualidades, con la esperanza de hacer una gran venta a final del verano y donar el dinero a alguna organización benéfica local.

Hicimos joyería.

Y adornos.

Y tarjetas.

Y almohadas.

Y dibujos.

Cada semana era algo distinto, lo cual nos daba un gran suministro para vender cuando terminara el verano.

Una tienda de la misma calle escuchó lo que estábamos haciendo como grupo de niños de diez años, y se ofrecieron para vender nuestras tarjetas a sus clientes, dándonos todos los beneficios. El extra.

Llegó el final del verano, y organizamos la venta en nuestra casa. Los niños del barrio y yo estábamos de pie junto a nuestras creaciones con un fuerte sentimiento de orgullo por todo lo que habíamos logrado.

Encendimos nuestro cartel de "abierto para venta" (en otras palabras, abrimos la puerta de la casa), y la gente comenzó a entrar.

Un vehículo.

Dos vehículos.

Decenas de vehículos.

Terminamos vendiendo nuestras manualidades y superamos la meta que teníamos de mil dólares para dar a la organización benéfica. No nos lo podíamos creer. Todo el trabajo duro valió la pena.

La semana siguiente, mis padres llenaron sus vehículos con todos nosotros e hicimos un viaje a una organización benéfica local llamada *Sharing and Caring Hands*. Pudimos bendecirlos con un cheque, sin otra razón que compartir la bendición.

Esa experiencia me acompañó por muchos años, viendo los rostros de los receptores y entendiendo el impacto tan grande que podemos causar con unos pocos recursos.

La gente a menudo dice: "Cuando sea rico podré dar mucho a otros", pero, en realidad, no necesitamos tener mucho para dar mucho.

Creo que cada uno de nosotros ha recibido ciertos dones y responsabilidades, y Dios se reclina para ver lo que hacemos con ellos.

Para nosotros, una pequeña venta de arte y manualidades hechas por un grupo de niños que intentaban pasar un verano sin meterse en problemas marcó la diferencia. ¿Qué te ha confiado Dios para poder ayudar a otros?

Jesús comparte una historia en Mateo 25 sobre un hombre muy rico que hizo un largo viaje. Mientras estaba lejos, el hombre les confió su riqueza a sus siervos.

A un siervo le entregó cinco bolsas de oro; a otro, dos bolsas; y al tercer siervo le dio una bolsa, todo basado en lo que él pensaba que cada uno de los siervos podía manejar. Iba a comprobar si sabían multiplicar lo que habían recibido.

Así que el hombre rico emprendió su viaje, y los siervos se fueron a trabajar.

El que recibió cinco bolsas de oro comenzó a invertir, y rápidamente duplicó su dinero. Era una persona diligente. El siervo que recibió dos bolsas hizo lo mismo, y duplicó su dinero.

Pero el siervo que recibió solo una bolsa no hizo lo mismo. Enterró su dinero por miedo a perderlo y hacer enojar al hombre.

Cuando el hombre rico regresó a su casa, reunió a los siervos para ver lo que habían hecho con lo que habían recibido.

Estaba tan satisfecho con el resultado de los dos primeros siervos que habían conseguido un dinero extra, que les dijo: "Bien hecho, ven y comparte mi felicidad".

Pero al hombre que tuvo miedo de perder su parte, el amo le dijo: "¡Siervo perezoso! Dale tu bolsa al que tiene diez", y el hombre fue arrojado a las tinieblas.

Verás, el hombre con una bolsa tuvo miedo del hombre rico por razones que ni siquiera tienen sentido. Él pensó que el hombre rico castigaría a los siervos si perdían lo que les había entregado, pero no vemos eso en ninguna parte de la historia. Desde el inicio, lo único que vemos es amor, generosidad y abundancia incluso para los más bajos: los siervos. El dueño les da todo para que disfruten su vida ahora, en exceso. No al revés.

Las historias de Jesús eran tan contra corriente, que la audiencia nunca sabía qué hacer con ellas. Esta parábola es más relevante hoy día que nunca.

¿Cómo ves a Dios y el papel que desempeñamos en la tierra?

¿Crees que es un jefe duro que siempre está esperando a que cometas un error?

¿O lo ves como alguien alegre, amoroso, y que te pide que participes en su felicidad?

¿Estás tan solo sobreviviendo?

¿O estás viviendo en abundancia?

El modo en que veas a Dios influirá por completo en tu manera de vivir.

Jesús está diciendo que todo esto llamado vida es un regalo. No podemos ganarla y no la merecemos; sin embargo, lo que hagamos con ella es lo que más importa. Él está diciendo que hemos sido bendecidos y que nuestra tarea es actuar en consecuencia, no vivir en un lugar de temor.

Eso no siempre es fácil de hacer. Tal vez tu pastor, tu amigo, o alguien que conoces en las redes sociales te ha inculcado un sentimiento de temor. O quizá tus padres te criaron creyendo de otra forma. Así que oír esto quizá hace que tu escéptico estómago se revuelva un poco, pero una y otra vez en las Escrituras vemos a Dios diciendo a su pueblo que son bendecidos, diciéndoles que no tengan miedo y que disfruten de la vida que han recibido.

Vive día a día. Conoce que Dios te ha dado bolsas de oro y quiere que participes de su alegría.

PARA BENDECIR A OTROS

Siempre supe que iba a ser emprendedor de algún modo, así que la universidad me resultaba un tanto difícil a menos que fuera una clase que pudiera aplicar de inmediato a algún tipo de proyecto en el que estuviera trabajando en ese entonces.

Asistí a cuatro universidades en cinco años, con un descanso de seis meses en medio. Mirando atrás, puedo ver la mano de Dios en todo ello; pero, en el momento, era un poco embarazoso. Encontrar mi llamado fue más difícil de lo que anticipaba porque veía la vida de modo muy distinto a todos los que me rodeaban.

Después de los dos primeros años, decidí comenzar de nuevo en otro lugar: Charleston, Carolina del Sur. El único problema era que nunca antes había estado allí; ni siquiera conocía a nadie que viviera en un rango de dos horas de distancia de allí. De hecho, llamé a la oficina de la policía local para preguntar si mi bloque de apartamentos era seguro.

Con el temor despejado, llené cada huequecito de mi Ford Explorer del 2002 con las pocas pertenencias que tenía y el espíritu de aventura de un muchacho de diecinueve años que era; y atravesé el país sin ningún plan salvo tener una experiencia que me hiciera querer regresar a la universidad.

El Antiguo Testamento comparte la historia de un hombre llamado Abraham.

Abraham no era un anciano cualquiera; era considerado el padre del pueblo judío. Dios escogió a Abraham para que fuera la figura principal.

En Génesis 12 vemos cómo Dios llamó a Abraham (en ese tiempo su nombre era Abram), diciendo: *Vete de tu tierra y de tu parentela, y de la casa de tu padre, a la tierra que te mostraré. Y haré de ti una nación grande, y te bendeciré, y engrandeceré tu nombre, y serás bendición. Bendeciré a los que te bendijeren, y a los que te maldijeren maldeciré; y serán benditas en ti todas las familias de la tierra.*[2]

Que Abram se levantara y se fuera habría sido algo inaudito porque, en aquella época, las culturas de ese tiempo eran muy estáticas. Uno se quedaba en la nación donde nacía. Era el mismo grupo de personas en el que se crio tu familia, y también sus padres. Nadie se iba para perseguir sus sueños personales. Eso ni siquiera era una opción.

Pero eso es exactamente lo que Dios le está pidiendo aquí a Abram, y Abram escucha.

Dios promete tres cosas:

1. Abram se convertirá en una gran nación.

2. Será bendecido.

3. Todas las familias de la tierra serán bendecidas a través de él.

Ahora bien, hacer estas promesas era una cosa, pero Dios escogió hacerlo oficial con un pacto. Y este tipo de pacto era incondicional. Al margen de lo que Abram hiciera, Dios cumpliría su parte del trato.

Hacer un pacto era algo enredoso.

Primero, las dos partes tomaban un animal como sacrificio y lo cortaban en dos mitades. En ese tiempo no tenían herramientas eléctricas, así que este proceso era desagradable. Lleno de sangre, sudor y lágrimas.

No te voy a mentir, comienza de una forma un tanto extraña.

Después se ponían en el suelo las dos partes del animal, una frente a la otra, con la familia de los participantes en el pacto de pie en grupo detrás del animal para "testificar" del pacto.

Ambas partes después caminaban haciendo la figura de un ocho alrededor de las mitades del animal, recitando los términos del acuerdo. Tomaban una piedra afilada, se hacían un corte en la palma de la mano y se estrechaban las manos, mezclando la sangre entre los dos.

Después, las familias de ambas partes se juntaban para una celebración, ya que su nuevo pacto tenía la intención de perdurar para siempre.

Ahora bien, si el pacto era incondicional y una persona decía que asumía la responsabilidad de mantener el pacto al margen de cuáles fueran las acciones del otro, solo el que asumía la responsabilidad caminaba entre las mitades del animal, gritando las promesas. Esto es lo que vemos con Dios y Abraham.

En Génesis 15 leemos que Dios hizo que Abraham se quedara dormido y realizó su parte del trato en forma de humo.

El pacto se "cortó", como se decía, y cada generación siguiente estaba atada a experimentar las promesas del mismo.

A lo largo del resto del Antiguo Testamento vemos repetido el mismo pacto con las siguientes generaciones de Isaac y Jacob. A los tres se les prometió la bendición.

Y vemos el pacto llegando a su máximo fruto a través de la vida de Jesús. Él fue quien caminó entre las mitades de los animales, el que corta el pacto con Abraham, y el que promete la bendición sobre su genealogía.

Como tú y yo hemos sido injertados en la simiente de Abraham,[3] este pacto aún es válido. Hemos sido bendecidos para ser bendición para otros. Nosotros somos los que estamos de pie en el lado de los animales, reconociendo el pacto, estando de acuerdo con los términos y las promesas, y aceptando todo lo que Dios tiene que ofrecernos.

Tú y yo hemos sido bendecidos.

Y todas las familias de la tierra también han de ser bendecidas a través de nosotros.

Nuestra comisión es difundir el mensaje del evangelio y hacer discípulos en todas las naciones. Jesús dice en Juan 13:35: *El amor que tengan unos por otros será la prueba ante el mundo de que son mis discípulos.*

¿Es eso verdad en la vida que estamos viviendo?

¿Puede la gente mirar nuestras acciones y ver que somos discípulos de Jesús?

Debemos creer que nuestro papel es ser una bendición para todas las familias de la tierra. Es nuestro papel ser una luz y ser amor para todos. Esta es una seria responsabilidad.

✶ ✶ ✶

Cuando me mudé de Mineápolis a Charleston, hice todo el trayecto sin parar, veinticuatro horas al volante. No recomendaría eso a nadie.

Llegué a la calle de las casas adosadas justo después del amanecer. Había dos personas sentadas en el balcón encima de mí, pero no podía ver sus rostros.

En este punto estaba agotado por haber manejado toda la noche. Como solo tenía cosas para llenar un automóvil, la mudanza iba a ser fácil. Ni siquiera tenía una cama, así que inflé un colchón inflable y puse unas sábanas sobre él.

Mientras iba sacando las cajas una a una y sudando mucho en este punto ya, sin querer escuché una voz profunda proveniente del balcón que tenía encima: "¡¿Minnesota?! Estás muy lejos de casa, muchacho", y los que estaban a su lado empezaron a reír.

A mí no me daba risa. Estaba frustrado, exhausto, y un poco abrumado porque no tenía ni idea de dónde me había metido.

Ahora bien, cuando llamé a la policía para preguntar sobre la seguridad del vecindario antes de mudarme allí, no estoy seguro de si el oficial me malentendió o qué, pero al oír disparos de bala esa primera noche, supe que había empezado una aventura.

A la mañana siguiente me presenté a mis vecinos cuando salía por la puerta. La voz profunda del día anterior era de CeCe, y ella estaba sentada con su hija adulta.

Debía medir casi dos metros y pesar unos ciento cincuenta kilos, y había sido camionera en una pequeña ciudad de Georgia.

Indudablemente, yo era un pez fuera del agua en ese lugar.

Cuanto más conocía a CeCe, más historias contaba sobre la vida en la carretera y la vida otra vez en el hogar. Me habló sobre desconocidos que frecuentaban los bares de su ciudad natal y causaban problemas; tantos, que una vez se convirtió en una pelea y se enredaron en un tiroteo.

No estoy seguro de si estaba intentando impresionarme o si decía la verdad, pero yo siempre asentía a lo que me decía, fingía que entendía de dónde provenía ella.

Mi vecino en la casa de la izquierda era un hombre llamado Patrick, que se acababa de divorciar y estaba intentando volver a levantarse. Patrick era dueño de una empresa de construcción que daba empleo a exconvictos y personas que necesitaban un empujoncito en la vida.

También cultivaba marihuana en el armario del salón de su casa.

Uno de los mejores amigos y empleado de Patrick se llamaba Clyde, uno de esos tipos que se veía mucho más joven de lo que era, de tal modo que creo que tenía unos cincuenta años y parecía que tenía quince. Clyde era duro; siempre estaba alardeando de que su hoja de antecedentes policiales, que reflejaba sus arrestos y condenas, era igual de alta que él, que mediría un metro y medio.

En su tiempo libre, a Patrick y Clyde les encantaba ir a pescar camarones.

Me contaban que pescaban cincuenta kilos de camarones en una noche de trabajo, y me daban porciones embolsadas individualmente que yo metía en mi congelador y me las comía cada noche después de trabajar.

Pero escuchar las historias de pesca no era suficiente. Quería experimentarlo por mí mismo.

Entonces, un fin de semana, Patrick se reunió conmigo en el supermercado antes de salir a pescar para comprar lo que necesitábamos: pollo espetón, comida de peces, comida de gato mojada, y cigarrillos de mentol.

En este momento en mi aventura en Charleston, había aprendido a no hacer preguntas y a unirme a las aventuras.

Después de la tienda, nos vimos en el puerto deportivo para cargar el barco. Me daba la impresión de que Patrick, Clyde y yo estaríamos en un barco de pesca de algún tipo, pero Patrick llegó con un bote deslucido que apenas si tenía lugar para los tres, y no digamos para los cincuenta kilos de camarones. No había espacio para movimientos extra, y pensar en las olas hacía que el estómago se me revolviera todavía más.

Cargamos el bote con nuestras provisiones y un puñado de postes que medirían unos tres metros de longitud, y salimos a su lugar secreto para pescar camarones.

Poco sabía yo que para pescar camarones se depende de la marea, así que mientras esperábamos a que bajara, hicimos "pasteles de pescado", que consistían en comida para peces y comida para gatos mojada. El olor era horrible; pero esta era su receta secreta, o eso me dijeron.

Cuando la marea llegó a su punto más bajo, nos pusimos en una línea, y lanzamos un pastel de pescado seguido de uno de esos postes largos para saber dónde ir. Hicimos eso en varios lugares, y después teníamos que esperar de nuevo a que la marea comenzara a subir antes de empezar el proceso de la pesca.

Clyde partió un pedazo de pollo con una mano mientras sostenía un cigarrillo en la otra. Me miró con su sonrisa tortuosa y dijo: "Hora de comer", mientras me pasaba el pollo.

No había platos, ni cubiertos. Solo tres tipos pasando pedazos de pollo y partiendo trozos con los dedos manchados de pastel de comida para peces.

Supuestamente, a los camarones también les gusta mordisquear los huesos de pollo, así que arrojamos las sobras sobre el territorio que habíamos marcado.

A medida que el sol comenzó a ponerse y la marea a subir, llegaba también nuestro momento de brillar.

Nos acercamos al primer poste y tiramos por la borda una red para camarones. La recogimos, y no había nada dentro.

Segundo poste, lo mismo.

El tercer poste fue una historia totalmente distinta. Clyde lo tiró por la borda, y esta vez había tantos camarones en su red, que Patrick tuvo que ayudarle a subirla al bote. Encontramos el filón. Debía haber unos quinientos camarones en esa red.

Durante toda una hora, era acierto tras acierto. Terminamos consiguiendo el límite legal de cincuenta kilos de camarones en unas horas de trabajo. Yo estaba impresionado e impactado a la vez.

Tras la resurrección de Jesús, Él estaba de pie en la orilla del mar de Tiberíades, mirando a sus discípulos mientras ellos echaban una y otra vez la red a un lado de la barca sin pescar nada.

Entonces gritó a sus discípulos: "¡Echen la red al otro lado de la barca!".

Y, aunque habían estado pescando toda la noche sin suerte alguna, accedieron a echar la red.

Esta vez fue diferente.

Su red estaba tan llena de peces, que comenzó a romperse por los lados.[4] Nunca habían visto tanta cantidad, y todo fue por intentar algo distinto y mirar la vida desde los ojos de otro. Jesús sabía que había un milagro al otro lado de la barca si echaban la red una vez más en fe.

Mi estancia en Charleston duró solo seis meses, hasta que decidí regresar a Mineápolis y terminar mi carrera universitaria. Pero mis recuerdos de CeCe, Patrick y Clyde seguirán conmigo para el resto de mi vida.

Una de las mejores cosas que podemos hacer es aprender a mirar la vida a través de los ojos de otra persona. A pesar de cuán distintos podíamos ser los cuatro, todos somos seres humanos, amados por Dios y creados a su imagen.

Muchas veces podemos mirar a las personas que no son como nosotros y juzgarlas por su estilo de vida o las decisiones que tomaron. Pero tal vez yo habría tomado las mismas decisiones si hubiera estado en circunstancias similares.

Cuanto más viajo, más me doy cuenta de cuán innecesarios son muchos de nuestros debates teológicos y sociales. Cada persona es única; por lo tanto, ¿por qué pensamos que las cosas tienen que ser o blancas o negras?

El profesor J. Richard Middleton lo expresó muy bien al decir: "La salvación no borra las diferencias culturales".[5]

Todos vemos el mundo de modo distinto.

Todos tenemos experiencias distintas.

Quiero estar abierto a otros y superar mi zona de comodidad para cavar en mi curiosidad, en vez de juzgar y pensar siempre que yo tengo la razón. Muchas cosas en la vida no son blancas o negras. Hay muchas áreas grises. Nuestra división es innecesaria y ahoga nuestro crecimiento. La unidad es lo más importante.

Por lo tanto, amemos a toda la raza humana. En lugar de decir a las personas por qué están equivocadas, digámosles quiénes son. Salgamos y experimentemos una nueva manera de vivir.

✶ ✶ ✶

Hay un pequeño lago cerca de mi casa, y a las personas les gusta sacar a pasear a sus perros por allí. Es un ejercicio estupendo porque, desde el principio hasta el fin, recorres casi cinco kilómetros en total.

En el lado sur del lago hay un árbol común con una historia fuera de lo común. Es fácil no verlo si pasas por allí corriendo, pero en la base del árbol hay una pequeña puerta con un pomo dorado y algo que parece un mini jardín rodeando la entrada.

Es el hogar del Sr. Enanito, el elfo.

Hace veinticinco años atrás, un caballero puso una puerta en el árbol porque le parecía algo hermoso. Pero entonces, los niños y los adultos también comenzaron a dejar regalos y cartas para quien fuera que "viviera" allí. Por lo tanto, qué otra cosa podía hacer el dueño sino escribir cartas en miniatura en contestación y firmarlas al final con "ESE": El Señor Enanito.

Recibía todo tipo de cartas.

Personas que compartían deseos y sueños.

Niños que compartían sus listas de regalos de Navidad.

Un diagnóstico de cáncer.

Un amigo íntimo moribundo.

Un compromiso.

Paletas de caramelo.

Flores.

No había motivo ni razón detrás de dejar notas y regalos, pero ayudaba a muchas personas.

Durante años yo le escribí cartas al Sr. Enanito y le dejaba diferentes regalos.

Un año dejé una pelota de playa, y ESE me contestó y me dijo que su hija usó la pelota como un globo de aire caliente para cruzar el lago. Me tumbaba en la cama en la noche soñando con lo fantástico que sería ser un elfo y tener aventuras que ningún niño se podría imaginar.

La bondad de un hombre al dedicar tiempo a responder a las personas impactó innumerables vidas.

La gente a menudo describe amar a otros con lo que rebosa de su copa, pero yo lo veo como una copa que está abierta por arriba y por abajo.

Constantemente llegan bendiciones a nuestra vida; en lugar de guardarlas, podemos soltarlas para que fluyan a través nosotros, entrando por un extremo y saliendo por el otro.

Jimmy Darts me dijo: "Sea lo que sea que te hayan dado, eres responsable de redistribuirlo a las personas que están en tu esfera, las personas con las que interactúas cada día. Cuando Dios te da algo, es para que lo disfrutes y lo compartas con la comunidad, bendiciendo a otras personas con tu bendición. Lo hermoso de esto es que, mientras más entiendes este concepto, más recibirás y más a menudo puedes ser generoso. Hacer eso con un corazón correcto puede cambiar el mundo".[6]

A medida que empezamos a comprender que toda nuestra vida es un regalo, transmitir las bendiciones se convierte en nuestra tendencia natural. Lo que entra, sale para ayudar a quienes nos rodean.

Si nos enfocamos en el Dador, daremos más.

Nunca seremos una bendición si estamos fijados en recibir.

Aprecia siempre lo que te ha sido dado. El monje benedictino David Steindl-Rast dijo una vez: "Tendemos a pensar que las personas felices son agradecidas porque consiguieron lo que les gustaba. En realidad, las personas agradecidas son felices porque les gusta lo que consiguieron".[7]

Mira todo lo que conseguiste. Es todo un regalo. Es todo para que disfrutes de la felicidad del amo.

¿Cuáles son otras maneras en las que podríamos ser una bendición para quienes nos rodean?

Comienza con algo simple, como comprarle algo de comer o pagarle un café a un desconocido una vez por semana.

Entrega algo.

Sonríe a los demás.

Sé generoso con tu tiempo.

¿ES EL MUNDO UN
LUGAR MEJOR HOY
PORQUE YO ESTOY EN ÉL?

SI NO, ¡SAL
AHÍ AFUERA Y HAZ
QUE SUCEDA!

Escucha.

Pregúntate: ¿es el mundo un lugar mejor hoy porque yo estoy en él?

Si no, ¡sal ahí afuera y haz que suceda!

Tú decides la historia que quieres contar. Hagamos que sea una historia de aventuras.

10

DECLARAR VIDA

En el año 2014 me diagnosticaron ansiedad

Erróneamente.

La primera vez que "eso" sucedió estaba trabajando, sirviendo mesas. Acababa de salir de la cocina con una bandeja llena de comida y me dirigía hacia la mesa 24, cuando, de repente, sentí que no podía respirar.

Se me abrieron mucho los ojos. Me aclaré la garganta. Hice todo lo que se me ocurrió en ese momento de pánico para recuperarme, pero nada funcionaba.

Me volteé y le entregué la bandeja a un compañero. Sin mediar palabra, abrí la puerta trasera para buscar un poco de aire fresco en nuestro callejón.

Qué cosa tan extraña, pensé, con las manos temblando todavía debido a la máxima alerta de mi sistema nervioso.

Al terminar mi turno, me fui a casa confundido por lo que había sucedido antes, pero lo consideré algo puntual sin importancia.

Hasta que al día siguiente me volvió a suceder. Y al siguiente.

De repente, de la nada, mi corazón empezaba a acelerarse, se me acortaba la respiración, me empezaban a temblar las manos, y me asustaba mucho.

La tercera vez que me ocurrió fui directamente a urgencias. El doctor solicitó un electrocardiograma, pero los resultados fueron normales.

Dijo que estaba teniendo un ataque de ansiedad y que tenía que frenar.

"Pero yo no soy una persona ansiosa en absoluto, no tiene sentido. Lo era de niño, pero ya no lo soy", dije yo.

Él no quiso oír más y se mantuvo firme en su diagnóstico. Sin embargo, yo no era ansioso. Tenía que haber algo mal en mí que necesitaba una atención inmediata. Así que, después de tener otra crisis la semana siguiente, pedí una cita con el médico de atención primaria.

Analítica tras analítica.

Rayos X.

Auscultarme otra vez.

Una TAC.

Al principio dijo que yo era prediabético. Después dijo que tenía mononucleosis. Entonces se dio cuenta de que se había equivocado y que no había ninguna preocupación inmediata. Simplemente estaba teniendo ataques de ansiedad.

Seguí trabajando en mi empleo. Ataques de ansiedad.

Me mudé a Australia por un tiempo. Ataques de ansiedad.

Me mudé a Miami. Ataques de ansiedad.

Finalmente acepté el hecho de que estaba lidiando con la ansiedad, y comencé a declarar: "Soy una persona ansiosa". Pero en mi interior sabía que no era cierto, porque por lo general estaba lleno de paz. Y esos "ataques" no sucedían todo el tiempo, solo durante ciertos momentos del año. Sí, había lidiado con la ansiedad en entornos sociales de niño, pero nunca así. Algo estaba mal.

Mi mamá tampoco estaba de acuerdo con los doctores. Ella me dijo que orara al respecto, pidiéndole a Dios que me mostrara qué estaba sucediendo. A ella le había funcionado. Los doctores no conseguían averiguar qué le pasaba en cierta ocasión, así que ella oró al respecto y se despertó en mitad de la noche con una palabra extraña en su mente. La escribió y, al día siguiente, cuando fue a hacerse una prueba, la palabra exacta era la solución para su problema. Fue un milagro. Por lo tanto, ella creía que Dios me mostraría lo que estaba mal. Y yo también lo hice.

Cuando vivía en Miami, los ataques aumentaron. Estaba sentado en la piscina y de repente, ¡*bum!*, no podía respirar. O estaba en el gimnasio y me ocurría lo mismo.

Como Gisela y yo habíamos estado orando acerca de la causa, ella sugirió que visitara a un alergólogo.

"Tal vez eres alérgico a la humedad", dijo ella.

Yo respondí diciendo: "¿Qué? ¿Eso existe?".

Y entonces comencé a pensar en ello. Cada vez que lidiaba con los ataques, era en condiciones extremadamente húmedas: los veranos de Mineápolis, Australia, en la ducha, Miami. Puede que ella tuviera razón.

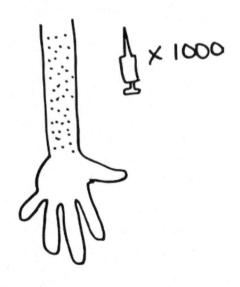

Saqué una cita para esa misma semana. Me hicieron prueba tras prueba. Incluso hicieron esa que te pinchan unas cuarenta veces en el brazo y ponen varios líquidos en cada pinchazo, buscando reacciones alérgicas.

Los resultados: nada.

Después llegó el resultado de la prueba de respiración.

Los resultados: algo.

Era alérgico a la humedad.

Bueno, no solo a la humedad, sino también a cambios en el entorno en general, y uno de ellos era la humedad. ¿No es extraño? Pero, gloria a Dios, ¡porque ahora teníamos una respuesta! Como te imaginarás, no hay muchas cosas peores que no saber algo y dejar que la especulación se haga cargo de tu vida.

El doctor me recetó dos espráis nasales para aplicármelos todas las mañanas, y me recuperé del todo. No he vuelto a tener un problema desde entonces. Y no tenía nada que ver con la ansiedad.

Nota al margen: cuando Gisela y yo vivimos con mis suegros durante un tiempo, era muy consciente de aplicarme los espráis nasales después de salir de la ducha cada mañana, porque por el sonido parecía que estaba esnifando cocaína para desayunar. Con mi suegro en el cuarto de al lado, donde podía oírlo todo, le recordaba constantemente que estaba tomando mi medicación, ¡para que no pensara otra cosa!

La humedad era el problema, y una sencilla medicación fue la solución. Pero cuando el doctor afirmó que yo era ansioso, comencé a pensar que tal vez lo era, y empecé a catalogar esas situaciones como ataques de ansiedad, y a cuestionarme todo.

✻ ✻ ✻

¿Qué han declarado de ti que es falso?

¿O qué has declarado tú mismo de ti?

Cuanta más atención prestes a esas cosas, más se apegarán a ti e intentarán convencerte de su verdad, cuando en realidad son una distracción.

Quizá es que eres miedoso.

Quizá es que eres orgulloso.

Quizá es que no eres lo suficientemente bueno.

Pregúntale a Dios qué mentira te estás creyendo y confróntala, sea lo que sea, porque Dios no puso eso en ti.

Cuando cambias tu lenguaje y tus perspectivas sobre ti mismo, eso lo cambia todo. Dios dice que eres amado, talentoso y escogido. Él te creó como alguien especial. Eres único. No hay nadie como tú.

DIOS DICE QUE ERES AMADO + TALENTOSO + ESCOGIDO. ÉL TE CREÓ COMO ALGUIEN ESPECIAL. ERES ÚNICO.

Cuando empezamos a quejarnos de cómo somos, básicamente estamos criticando a nuestro Creador.

Y ese es un problema mucho mayor.

VIDA Y MUERTE

Casi todo en la vida está influenciado por las palabras.

Los mayores logros del mundo y los mayores males. Todos ellos comienzan, se desarrollan, y son transformados por las palabras de varios individuos.

Yo digo palabras incorrectas todo el tiempo.

Estoy comiendo solo en un restaurante y, cuando el camarero me pregunta si necesito algo, le digo: "No, estamos bien, gracias", mientras estoy yo solo sentado. ¿Con quién estoy? ¿Con mi amigo imaginario?

Era peor cuando era yo quien trabajaba en restaurantes. Me acostumbré tanto a decir ciertas palabras, que a veces se me salían solas. Como una vez cuando estaba atendiendo a una mujer y, por accidente, le llamé señor. ¿Cómo arreglas eso?

Las personas bilingües me fascinan; yo solo hablo un idioma, ¡y apenas si puedo con él!

En Génesis, vemos cómo Dios habló y las cosas empezaron a existir, y después cómo sus pactos influyeron en el mundo tal y como lo conocemos hoy.[1]

Las promesas de Dios y los mandatos de Jesús influyen en nuestra visión del futuro y de lo que hacemos en el presente, en lo que respecta a la misión.

Las palabras que decimos tienen graves implicaciones con respecto a cómo dirigimos nuestra vida. Al final, somos responsables de nuestra capacidad de percibir la realidad y, fundamentalmente, somos quienes la determinamos.

Nuestras acciones son una cosa; pero nuestras palabras tienen el poder de edificar o destruir. Lo que decimos con respecto a la vida de alguien puede tener un impacto duradero.

La lengua es poderosa.

En la literatura sapiencial del libro de Proverbios, el rey Salomón dice: *En la lengua hay poder de vida y muerte; quienes la aman comerán de su fruto.*[2]

Tenemos la capacidad de escoger entre el bien y el mal con cada palabra. Para algunos, esto nos resulta difícil; para otros, es mucho más fácil. La Biblia nos advierte que seamos cautos con las palabras que decimos libremente. Y dice que la recompensa será grande para los que usan sus palabras para el bien, el amor, la justicia, la paz y la sabiduría.

Tenemos una decisión que tomar todos los días.

Deuteronomio 30:19 dice: *Hoy te he dado a elegir entre la vida y la muerte, entre bendiciones y maldiciones. Ahora pongo al cielo y a la tierra como testigos de la decisión que tomes. ¡Ay, si eligieras la vida, para que tú y tus descendientes puedan vivir!* Siempre podemos escoger. Vida o muerte. No es que decidamos morir, pero cada una de nuestras decisiones importa, provocando con ello vida o muerte al mundo que nos rodea, no solo a nosotros en lo individual.

Desde cómo amamos a nuestro prójimo hasta lo que consumimos.

Desde cómo respondemos bajo presión a lo que hacemos con nuestro dinero.

Cada decisión importa.

Cada palabra que decimos importa.

Todo produce vida o muerte.

En la literatura antigua, tu nombre declaraba tu propósito en la vida. Dios le pide a Adán que ponga nombres a los animales en el libro de Génesis.[3]

Hay un animal grande, redondo, de color marrón y peludo delante de él, y Adán dice: "oso".

Lo que viene después es algo con un caparazón circular, y dice: "tortuga".

Continúa igual con el "pájaro carpintero", el "perezoso" y el "conejo".

Cada nombre significaba aquello en lo que se convertiría. Busca lo que significa tu nombre. ¿Es una descripción adecuada de quién eres tú?

En Éxodo oímos de un bebé sin nombre que es enviado al río Nilo con la esperanza de poder con ello salvar su vida. Una princesa egipcia encuentra al bebé y le pone por nombre Moisés.[4]

Esto es muy importante porque, en el antiguo Egipto, el nombre Moisés o Mese se traduce como "de Dios", y por lo general se emparejaba a una deidad específica. Tenías a Ramsés o Tutmosis, que significan "de Ra" o "de Tut", respectivamente.

Tener un Moisés genérico sin una deidad que lo avale es una afirmación totalmente política. Moisés no representa a una deidad concreta, sino que en ese momento de la narrativa representa a *el* Dios, que después sabemos que se llama YHWH.

Renombrar era una práctica común en la literatura antigua. Si se renombraba tu carácter, entonces tu carácter había sido cargado con un nuevo propósito. En este caso, la princesa egipcia está dando una nueva identidad a este bebé hebreo olvidado. Y este nombre, Moisés, transforma toda su vida; esto añade complejidad a su carácter.

Renombrar incluye el proceso de volver a imaginar o llamar a otra narrativa distinta para ayudar a cambiar nuestra perspectiva.

La historia dice que, cuando mi familia llegó a los Estados Unidos desde Suecia, su apellido era Bengtson; sin embargo, había muchos Bengtson rondando por Superior, en Wisconsin, y querían sobresalir del resto. Así que, cuenta la leyenda que mis familiares fueron al cementerio para encontrar un nuevo nombre, una nueva identidad que pudiera irse desarrollando mientras comenzaban desde cero en un país nuevo.

Y escogieron el apellido Windahl.

En las Escrituras también vemos eso mismo con Simón, cuyo nombre significaba "junco", que es renombrado como Pedro, que significa "roca".[5]

O esta extraña historia en Génesis 32, en la que Jacob está luchando con un hombre, que algunos dicen que era un ángel y otros dicen que era Jesús. En cualquiera de los casos, estuvieron luchando toda la noche.

El hombre dice: "Suéltame, porque llega el alba".

Jacob responde: "No te soltaré si no me bendices".

Así que el hombre le preguntó: "¿Cómo te llamas?".

Ahora bien, este es un momento importante porque anteriormente Jacob había engañado a su familia haciéndoles creer que era su hermano Esaú, para así recibir la bendición del primogénito.

Jacob había mentido con respecto a su identidad para ganancia personal, y eso se volvió contra él. Terminó teniendo que huir y comenzar una nueva vida en otro lugar.

Así que, en este momento, cuando el hombre le preguntó su nombre, está preguntando por la identidad de Jacob, que realmente estaba en su interior. Y, después de estar cansado por luchar toda la noche, Jacob, conocido como un engañador, responde sinceramente diciendo: "soy Jacob".

Ahora estaba cómodo con su propia identidad.

El hombre respondió diciendo: *No se dirá más tu nombre Jacob, sino Israel.*[6]

Verás, Jacob en hebreo significa *suplantador*, "alguien que errónea o ilegalmente se apropia del lugar de otro".[7] Justo lo que él hizo con Esaú.

Pero su nuevo nombre, Israel, significa "lucha con Dios", y fue en este momento cuando nació la nación de Israel. Ahora estaba caminando en su verdadera identidad.

¿Qué te ha impedido caminar en tu verdadera identidad?

¿Es algo que te ocurrió en el pasado?

¿Te hizo alguien algún mal y has estado viviendo con las consecuencias desde entonces?

Así como Abraham, Pedro, Jacob y otros recibieron nombres nuevos en las Escrituras, tal vez tú y yo tenemos que pasar también por un proceso de recibir un nombre nuevo, reescribiendo lo que se ha declarado sobre nuestras vidas para caminar en la verdadera identidad de quien Dios dice que somos.

Esto no significa que tengas que cambiarte de nombre; solo comienza diciendo: "En verdad soy valiente, amable y paciente".

Cuando lo hagamos, seremos capaces de amar a otros lo mejor que podamos.

AMAR A DIOS Y AMAR A OTROS

Hacia el final de la vida de Jesús, le preguntaron: "¿Cuál es el primer mandamiento de todos?".[8]

El momento en que hicieron esta pregunta es importante, porque Él sabía lo que venía por delante. Él sabía que la muerte estaba a la vuelta de la esquina. Cuando estás en ese estado, los detalles ya no son importantes.

¿Alguna vez has visto esas imágenes de personas ancianas con letreros en Instagram? Ponen su nombre, edad, y algún consejo para la vida.

El consejo nunca tiene que ver con pasar más tiempo trabajando o enfocado en tonterías; siempre hablan de disfrutar los momentos que tienes con tus seres queridos y ser amable con los demás. La muerte está cerca para ellos, y están sugiriendo que nos enfoquemos en momentos que nos den vida.

Cuando a Jesús le hacen esta pregunta poco antes de su crucifixión, dice algo similar. Responde: *El primer mandamiento de todos es: Oye, Israel; el Señor nuestro Dios, el Señor uno es. Y amarás al Señor tu Dios con todo tu corazón, y con toda tu alma, y con toda tu mente y con todas tus fuerzas. Este es el principal mandamiento. Y el segundo es semejante: Amarás a tu prójimo como a ti mismo. No hay otro mandamiento mayor que estos.*[9]

Ama a Dios con todo tu ser.

Ama a tu prójimo como a ti mismo.

Eso es.

Toda la Biblia se puede resumir en esos dos mandamientos. Todo lo demás es una explicación de eso.

Por muy nuevos y revolucionarios que puedan ser para algunos de nosotros hoy día, se inculcaron en la antigua tradición israelita.

En el libro de Deuteronomio, Moisés le da a la joven nación de Israel la ley antes de entrar en la Tierra Prometida. La ley funcionó como un manual acerca de cómo vivir una vida santa. En el capítulo 6, el autor bosqueja el "primer mandamiento" al pueblo de Israel, diciendo: *Escucha, Israel: El Señor nuestro Dios es el único Señor. Ama al Señor tu Dios con todo tu corazón y con toda tu alma y con todas tus fuerzas.*[10]

¿Te resulta familiar?

Esta antigua comunidad hace esta oración cada mañana cuando despiertan y cada noche al acostarse. Se conoce como el *shema*, que es la palabra hebrea para *oye* o *escucha*, la primera palabra de la oración.

En los textos antiguos, escuchar a menudo indica tomar acción, no solo recibir una palabra que entra por un oído y sale por el otro. El mensaje es para vivirlo. ¿Cómo se supone que debes responder al Señor que es uno? Debes amarlo con todo tu corazón, y con toda tu alma, y con todas tus fuerzas.

Jesús oraba el *shema* dos veces al día. Cuando reconoces tu amor por Dios dos veces al día, cambia tu perspectiva y te mantiene enfocado en lo que es importante en la vida.

A medida que crecemos en nuestro amor por Jesús, nos hacemos más amorosos con quienes nos rodean mediante el Espíritu Santo. Es una sencilla reacción en cadena. Cuanto más amor tenemos, más amor podemos dar.

Y Dios te ama mucho, y está tan obsesionado contigo, que hace que sea mucho más fácil amarlo a Él como respuesta. Me refiero a que por eso somos cristianos: *Porque tanto amó Dios al mundo que dio a su Hijo unigénito, para que todo el que cree en él no se pierda, sino que tenga vida eterna.*[11]

Dios me ama.

Dios te ama.

Dios ama a tu vecino budista.

Dios ama a tu vecino musulmán.

Dios ama a tu extraño compañero de trabajo.

Cada una de las personas de cada una de las naciones y lenguas es muy importante ante los ojos de Dios. Esas personas son nuestro prójimo. Nuestro papel es difundir ese amor y que la gente sepa cómo vivir la vida al máximo, mediante una relación con Jesucristo.

✷ ✷ ✷

Estoy obsesionado con las películas sobre tesoros enterrados.

Hay algo en encontrar oro en un lugar inesperado que me emociona.

A mi papá le ocurre lo mismo; pero para él ha sido un viaje de toda una vida, que comenzó desde que era niño cuando subía al ático de mi bisabuela y abría cajas llenas de polvo para ver lo que había dentro.

Una bandana aquí.

Un viejo reloj allá.

Cualquier cosa que encontrara le parecía que era más que suficiente.

Su curiosidad lo acompañó en la universidad, donde hizo una especialidad en arqueología y pasaba su tiempo extra ojeando revistas de arqueología bíblica, y quedándose fascinado con el hecho de que las historias de la Biblia realmente eran ciertas y podías ver los hallazgos en persona.

Más adelante, terminó produciendo un documental sobre el camino del éxodo. Esto encendió una pasión aún mayor por la evidencia histórica de la Biblia.

Y su pasión se me pegó.

La zona en la que me crie tiene una gran historia, así que un día mi papá y yo decidimos rentar un detector de metales y ver si podíamos encontrar algo.

Cargamos el automóvil con todos los artilugios necesarios para desenterrar nuestro tesoro: detector de metales, una pala, guantes y una caja vacía.

Y mucha fe.

Yo sugerí ir a la colina más alta que pudiéramos encontrar en la zona, la cual resultó estar en medio del bosque. Así que agarramos nuestro equipo y comenzamos a caminar.

Cuando llegamos a la cumbre, estaba impaciente por pasar el detector de metales, así que solté todo en el suelo, encendí el detector de metales y empecé a peinar la zona.

Literalmente, después de dar un paso comenzó a sonar.

Ping. Ping. Ping.

Así que cavamos.

Y a unos treinta centímetros encontramos un viejo tenedor.

Después encontramos un hacha oxidada. Y un cuchillo. Y más cubiertos.

Tras una hora de rebuscar por la zona, terminamos con todo el maletero lleno de tesoros enterrados. Se despertó dentro de mí un gusanillo por aquello. Me encantaba explorar y encontrar cosas que nunca pensarías encontrar y, sin embargo, estaban ahí debajo de la superficie.

¿Cuántas veces no llegamos a ver los dones que Dios ha puesto en nosotros, justo debajo de la superficie y, sin embargo, otras personas los ven con tanta claridad? Si eres como yo, seguro que puedes ver con facilidad cuán talentosas, inteligentes o bellas son otras personas; pero a veces me cuesta trabajo ver esas mismas cosas en mí.

¿Qué sucedería si comenzáramos a desenterrar los tesoros enterrados que están ocultos en cada persona con la que nos cruzáramos?

Yo quiero mostrar a otros el amor de Dios animando y declarando vida a su situación. Llamar la atención de la persona que Dios quiere que sean.

Puede ser tan sencillo como decir: "Me encanta cómo siempre ves lo bueno en cada situación; me inspira a hacer lo mismo". Somos llamados a edificarnos con las palabras y no a destruirnos. Tenemos la opción de declarar vida o muerte con cada palabra.

Bendecir a alguien significa "pedirle a Dios que lo mire con favor".[12] Si creo que la mejor manera es la manera de Dios, lo mejor que puedo hacer es pedirle a Dios que mire con favor a esa persona.

¿Sabes lo bien que se siente cuando alguien te anima, especialmente cuando es algo inesperado? A veces me cuesta trabajo aceptar las palabras bonitas, pero sé que, con cada una de ellas, Dios me está guiñando un ojo, diciendo: "Eso es lo que también yo siento por ti".

Por lo tanto, dile a alguien algo que le anime esta semana. Comienza con algo pequeño. Ese pequeño comentario podría cambiar todo su día, o su vida. Si te resulta difícil pensar en alguien, piensa en la persona que más te anima a ti. Algunas personas animan todo el día, pero suelen ser también las que menos ánimo reciben. Ve y cambia su día.

Cuanto más te acerques a Dios y mejor entiendas su Palabra, más fácil será ver la vida desde su punto de vista. Sabemos que Él es bueno, justo, amoroso y lleno de paz, así que eso es lo que tenemos que destacar en las personas.

Bob Goff escribe: "En lugar de decir a las personas lo que necesitan, tenemos que decirles lo que son. Esto funciona siempre. Llegaremos a ser en la vida lo que las personas que más amamos dicen que somos. Dios lo hizo constantemente en la Biblia. Le dijo a Moisés que era un líder, y Moisés se convirtió en un líder. Le dijo a Noé que era un marinero, y se convirtió en uno. Le dijo a Sara que era madre, y fue madre. Si queremos amar a las personas como Dios amaba a las personas, dejemos que el Espíritu de Dios sea el que hable cuando se trate de decir a las personas lo que necesitan".[13]

Los que nos identificamos con Jesús y somos sus seguidores hemos sido llenos con el Espíritu Santo, así que cocrear a su lado debería ser nuestro modo normal de vivir. Es como si cada día fuera una búsqueda del tesoro. Buscamos lo que Dios ve en alguien y lo sacamos a la superficie, ya sea que esa persona lo vea en su interior o no.

Te prometo que puedes encontrar algo hermoso que decir sobre cada persona viva, así que díselo. Dejemos cada conversación mejor de lo que empezó. Declaremos vida sobre nosotros mismos y sobre quienes nos rodean.

En mi último año de secundaria decidí que asistiría al baile de graduación, aunque no había ido al evento los tres años anteriores. No tenía ninguna amiga en ese entonces, así que realmente me la estaba jugando cuando decidí pedírselo a Grace, porque solo habíamos hablado un par de veces.

Grace estaba en el equipo de baloncesto, y ese año nuestra escuela iba a estar en los campeonatos estatales. Así que, ese día en la escuela, mis amigos y yo estábamos vestidos con pijamas azules mullidos de cremallera central y de una sola pieza, y con la cara pintada de azul y alas de color amarillo brillante.

Porque, ¿qué otra cosa te podrías poner durante una final estatal?

Había hecho un letrero esa mañana que decía: "Grace, ¿baile?", y me lo había guardado en mi disfraz, anticipando la gran revelación.

Poco me imaginaba yo que la mamá de mi amiga Lea había llamado a los medios locales para que acudieran a la sección de los fans durante el descanso para grabar lo que allí sucediera.

Poco antes de iniciar la segunda mitad del partido, mientras las jugadoras regresaban a la cancha, alcé mi letrero, y las personas a mi alrededor comenzaron a cantar:

"Grace, baile".

Palmada.

Palmada.

Palmada, palmada, palmada.

El canto se extendió por todo el estadio, y todos los canales de noticias enfocaron mi cara mientras estaba de pie con una sonrisa tonta, contemplando todas mis acciones hasta ese punto porque no tenía ni idea si ella iba a decir que sí.

Pero el apoyo del estadio era increíble, y me hizo ser más valiente de lo que hubiera sido por mí mismo.

Creo que, cada mañana, Dios nos está animando como ese estadio me animaba a mí. Él cree en nosotros y disfruta cada momento que pasamos viviendo nuestra misión de amar a quienes nos rodean.

Él está cantando: "¡Vamooooooos, Zach!".

Palmada.

Palmada.

Palmada, palmada, palmada.

"Vamooooos, [tu nombre aquí]!".

11

UNA PEQUEÑA OLA

Crecí patinando por caminos secundarios.

Ya fuera haciendo *snowboard*, con el monopatín, en esquí acuático, o como fuese, me sentía más cómodo moviéndome en paralelo que de frente.

Mi deporte favorito era el *surf*. El único problema era que vivía en Minnesota, y no lo había hecho nunca. Pero estaba obsesionado con ello. La cultura, la libertad, el paraíso, todo lo que engloba.

Me suscribí a la revista *TransWorld Surf* (antes de que se dejara de imprimir, RIP). Incluso cuando estaba montando en cualquier otro tipo de tabla, siempre imaginaba que iba en una tabla de surf. Cualquier cuesta en el cemento me servía como la ola perfecta.

Cuando me mudé a Australia a los veintiséis años, estaba firmemente decidido a aprender a surfear una ola, aunque fuera una diminuta.

Me compré una tabla el mismo día que llegué. Se llamaba Vodka Cruiser, y tenía un diseño de un atardecer con tintes asiáticos. Lo chistoso del nombre es que en realidad soy alérgico al alcohol. Lo sé, la humedad y el alcohol. Imagino que Dios me estaba protegiendo de meterme en problemas en algún lugar del Caribe.

Mis amigos en Australia eran verdaderos surferos. Por mucho que quieras fingir ser parte de la cultura, si no puedes seguir el ritmo, se te considera un pretencioso. Yo era definitivamente un pretencioso.

Era el día de Navidad, temprano en la mañana.

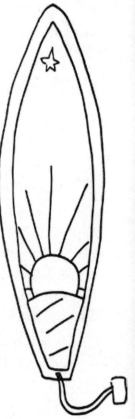

Nos juntamos un grupo en casa de nuestro amigo para desayunar. Ya sabes, huevos, crema de cacahuate y queso blanco, una tostadita con Vegemite, cosas típicas de Australia. Recargamos nuestras energías y estábamos listos para salir.

El plan para el día era llegar a Noosa, uno de los lugares más hermosos del mundo, justo al sur de la Gran Barrera de Coral.

Cuando llegamos, la playa estaba vacía. Un milagro navideño.

Recuerda que estoy acostumbrado a un montón de nieve el día de Navidad y a jugar al *hockey* con mis primos toda la tarde en el lago, no a surfear en un clima de 32 grados centígrados. Pero ahí estaba yo, dispuesto a todo.

Noosa tenía las olas perfectas.

No había ni una sola nube en el cielo.

El agua resplandecía al chocar contra las rocas.

No había algas marinas esparcidas por ninguna parte.

No hay otro lugar como Noosa.

En ese momento en mi carrera de surfero llevaba solo tres meses practicando y aún no me levantaba. Pero me encantaba.

Sentado en mi tabla, pasando por encima de las olas, calculando el tiempo en mi mente. Era terapéutico.

Así que hoy era el día. Iba a surfear una ola.

Tras varios fracasos, mi amigo Kyle me prestó su tabla patata.

Es un nombre chistoso para una tabla que tiene la forma de una patata y la intención de que sea más fácil surfear.

Y funcionó.

Avancé sobre la tabla de Kyle. *Esta es, lo sé. Hoy es el día.* Cuando me adentré lo suficiente, miré al cielo. Azul claro con una generosa porción de sol. Comencé a patalear con fuerza ante la primera ola que llegaba…

¡y me subí en ella!

Me puse de pie y llegué todo el trayecto hasta la orilla. Ese momento fue lo máximo que me podía haber imaginado, y mucho más.

¿Conoces ese sentimiento en tu estómago cuando todo va bien en la vida? Allí me pasó lo mismo.

Seguí montándome en una ola tras otra el resto del día, con una sonrisa enlucida en mi rostro con cada una. Me había enganchado.

La semana siguiente, la intensidad de mis estudios comenzó a aumentar, y ya no tenía tiempo suficiente para salir al océano, pero mi amor por ese deporte nunca cambió. Y no era solo el surf, sino todo lo que tuviera que ver con el océano y la cultura de la playa. Podía estar sentado viendo las olas llegar durante días y estar tan feliz como siempre.

Es probablemente porque ese estilo de vida a menudo contradice mi vida. Es difícil para mí frenar. Lo interesante es que el océano nunca está quieto, así que quizá me siento atraído a ese aspecto de manera inconsciente.

Hay una energía y una tranquilidad que choca con el romper de cada ola.

El agua en sí misma está tranquila, pero la energía se mueve por el agua provocando olas pequeñas que finalmente pueden provocar olas gigantescas.

La energía puede provenir de una pequeña corriente de aire, o de algo tan grande como un terremoto o un volcán. De cualquier forma, una ola desplaza energía de un lugar a otro.

Lo que comienza a cientos de kilómetros de distancia se puede transformar en la ola perfecta para surfear.

Algunas personas ponen piedras o muros cuando no quieren que pase el agua, pero no queremos ser así. Creemos una ola pequeña en un momento que se convierta en un gozo indescriptible en otro lugar lejano, muy lejano.

HACER OLAS

Todo en el universo es energía en movimiento, no solo las olas.

Nuestras acciones pueden causar una reacción en cadena por nuestras comunidades y pueden impactar a alguien a cientos de kilómetros de distancia.

Piénsalo de esta manera: Mandy ha estado luchando con su salud mental por bastante tiempo y está lista para rendirse. Parece que ya no vale la pena vivir la vida. Una mañana, tras perder todas las esperanzas, la persona que tiene delante en la cafetería cerca de su casa le invita a un café y le dice con una sonrisa: "¡Que tengas un buen día!". Nada más, y nada menos.

Mandy comienza a cuestionarse sus pensamientos, y se da cuenta de que aún existen algunas personas buenas por la vida.

Con el sentimiento de generosidad ahora en el interior de Mandy, decide pagarle el almuerzo a una pareja que está a su lado, que parece que se están peleando. Incluso hace que la camarera les entregue una nota que dice "No se rindan". Poco se imaginaba ella que esa pareja estaba discutiendo sobre si divorciarse o no.

Ese pequeño acto de Mandy hizo que algo cambiara dentro de la pareja y pusiera en pausa la conversación. Al día siguiente era su aniversario de boda número treinta, y el mejor amigo del esposo les regaló una buena botella de vino, lo cual hizo que se acordaran del día de su boda.

Llenos de sonrisas, hablando de los momentos difíciles y también de los dulces, la conversación del día anterior sobre el divorcio había terminado. Estaban presentes. Y contentos. Tal vez las cosas volverían a ser difíciles en el futuro, pero por ahora, todo estaba bien.

El acto de invitar a un café provocó una reacción en cadena para salvar una vida, la cual avanzó hacia más generosidad que salvó un matrimonio. Nunca sabes lo que una persona puede estar atravesando, y cómo un simple acto de bondad puede transformar por completo una situación.

Muchas veces nos enfocamos en hacer *grandes* cosas con nuestra vida. ¿Qué bien va a hacer un abrazo? ¿O un halago? Tal vez no haga nada, pero podría hacer muchas cosas.

Dios a menudo está en los detalles, en las pequeñas cosas.

Por muy abrumador que pueda ser el mundo, o cuántas cosas malas puedan estar pasando, un pequeño acto puede comenzar una pequeña ola de cambio.

Jesús vino a salvar al mundo comenzando de una forma muy pequeña. Comenzó como un bebé; se crio en el templo; se esforzó en su trabajo. No había nada en Él que gritara "Salvador", según sus vecinos.

Era simplemente un tipo normal entre todos.

Pero, cuando fue revelado su propósito, se mantuvo como un siervo, enfocado en las pequeñas acciones que crean un gran impacto en el reino y en nuestras vidas. Fueron los pequeños cambios los que provocaron una ola pequeña, y finalmente se formaron olas que llegaron a todo el mundo.

Jesús a menudo usaba cosas pequeñas, aparentemente insignificantes, para explicar el reino de Dios.

> *Decía también: ¿A qué haremos semejante el reino de Dios, o con qué parábola lo compararemos? Es como el grano de mostaza, que cuando se siembra en tierra, es la más pequeña de todas las semillas que hay en la tierra; pero después de sembrado, crece, y se hace la mayor de todas las hortalizas, y echa grandes ramas, de tal manera que las aves del cielo pueden morar bajo su sombra. Con muchas parábolas como estas les hablaba la palabra, conforme a lo que podían oír. Y sin parábolas no les hablaba; aunque a sus discípulos en particular les declaraba todo.* (Marcos 4:30-34)

Jesús habló sobre semillas.

Y levadura.

Cinco panes y dos peces.

Flores en el campo.

Monedas perdidas.

Siempre eran las cosas pequeñas las que le importaban a Jesús.

Podemos empeñarnos tanto en estar en el lado correcto de los debates teológicos, que perdamos de vista las cosas que verdaderamente traen el cielo a la tierra aquí y ahora.

Quizá no podamos resolver solos el hambre en el mundo; pero podemos comprar una comida a una persona que vive en la calle.

Quizá no podamos erradicar el suicidio; pero podemos interesarnos por un amigo.

Quizá no podamos reducir el consumo de drogas; pero podemos quedar con alguien para ir a tomar un café.

Los pequeños actos importan mucho en el reino de Dios.

No, nuestra salvación no está basada en las obras, pero Santiago escribe que "la fe sin obras está muerta".[1] Hacer cosas buenas por tu prójimo no te llevará al cielo, pero ayudará a otros a ver a Jesús en ti. Pablo escribe en Efesios 2:10: *Porque somos hechura suya, creados en Cristo Jesús para buenas obras, las cuales Dios preparó de antemano para que anduviésemos en ellas.*

Tú y yo fuimos creados para buenas obras. Nuestras acciones son importantes. Nunca sabremos en qué se podría convertir un pequeño acto.

✶ ✶ ✶

Me encontraba en la zona de entrenamiento en un campo de golf de la zona, que es donde uno va a practicar los golpes. Y necesitaba toda la ayuda que pudiera encontrar.

Mi amigo James es un golfista increíble, y estaba haciendo algunos trucos para divertirse. Uno de ellos se llama el *"tiro Tiger Woods"*, que se popularizó gracias a un anuncio televisivo hacía un tiempo. Tienes que hacer que la bola de golf bote varias veces sobre el palo y después golpearla fuerte con un *swing*.

En este día en particular, James tenía su palo entrenado. Todos los golpes le salían perfectos, hasta que hizo *el Tiger Woods*.

Estaba haciendo malabares con la bola con el mango de su palo:

Bote.

Bote.

Bote.

Después se puso nervioso y golpeó lo más fuerte que pudo. La bola debía ir por la calle, pero se desvió hacia la derecha. Nuestras sonrisas se congelaron de temor al ver que la bola volaba por encima de la calle e iba directamente a la ventana del vecino, rompiéndola por completo de arriba abajo.

Con los ojos abiertos como platos y la mandíbula hasta los tobillos, ahí estábamos todos viendo cómo el dueño de la casa salía corriendo y diciéndole a gritos a su esposa: "Es el #!@*&% del campo de golf!", mientras se subía en su auto y entraba en el estacionamiento a toda velocidad.

A veces, nuestras intenciones aterrizan donde queremos, pero otras veces no. Lo que importa es que sigamos intentándolo y hagamos nuestro mejor esfuerzo para no ser el #!@*&% del campo de golf.

La Torá contiene 613 mandamientos, o *mitzvot*, para ayudar a la persona a estar más cerca de Dios. La mayoría de estas leyes las ha cumplido Jesús, así que los cristianos ya no tenemos que dar cuenta de ellas, pero aún hay mucho que podemos aprender de ellas.

La palabra *mitzvah* (singular de *mitzvot*) a menudo está relacionada con la palabra aramea *tzavta*, que significa "adjuntar o unir".[2] En este sentido, una *mitzvah* crea un vínculo entre tú y Dios, y cuantas más haces, más fuerte es tu vínculo.

El enfoque estaba en crecer en la conexión con Dios.

Con el tiempo, con la eliminación del sistema de sacrificios, la palabra hebrea *mitzvah* se convirtió en sinónimo de hacer una buena obra. Por lo tanto, cuando cargas la bolsa de la compra de tu vecina, estás haciendo una *mitzvah*, y a cambio viviendo una vida santa.

Cada una de nuestras acciones tiene una reacción en cadena e impacta todo el mundo, para bien o para mal.

La crisis de la tierra es resultado de nuestras acciones, como lo son el índice de suicidio, el consumo de drogas y la guerra.

Por otro lado, la innovación también es un resultado de nuestras acciones. Lo mismo ocurre con los derechos de las mujeres, el movimiento por los derechos civiles o la electricidad. Todas ellas son cosas increíbles.

Nuestras acciones, pequeñas o grandes, juegan un papel importante en el futuro de una sociedad. Algo pequeño puede cambiarlo todo para alguna persona.

Así que empieza una ola pequeña. Provoca una ola.

Estas son algunas sugerencias para que te animes a comenzar:

Invita a un café a la persona que tienes detrás de ti.

Págale la comida a alguna pareja en un restaurante.

Regala ropa que brinde calor y calcetines nuevos a una persona sin techo.

Lleva a comer a algún lugar a una persona sin techo.

Ofrécete para trabajar de voluntario en un albergue para transeúntes.

Halaga a algún desconocido.

Entrega flores a personas en la calle.

Escribe una tarjeta de agradecimiento.

Dile a alguien lo que significa para ti.

Planta un árbol.

Ora para que sucedan cosas buenas a tu familia.

Haz una compra del supermercado para regalársela a alguien.

Envíale la comida a un amigo enfermo.

Dona a una página de *crowdfunding*.

Dale una buena propia a un camarero.

Haz de mentor para algún niño.

Aprende algo nuevo sobre un amigo.

Come alimentos cultivados en tu zona.

Deja un comentario positivo en algún negocio en el internet.

Ahorra las monedas que te den de cambio al hacer compras para una buena causa.

Bebe agua, duerme ocho horas y haz ejercicio.

Usa bolsas reciclables.

Escribe cinco cosas por las que estás agradecido.

Pon alguna notita de ánimo en el escritorio de tus compañeros de trabajo.

Sé amable contigo mismo.

12

Y ENTONCES RESPIRA

Te prometo que no soy narcisista.

A veces tan solo hago cosas porque me hacen reír. Y es bueno hacerte reír a ti mismo. Déjame que te explique.

Tengo un amigo que se llama Ethan y que es una de las personas más creativas y amorosas que conozco. Es también un destacado hacedor de regalos. Para Navidad, el año pasado me envió ambientadores personalizados con una imagen de él envuelto en un abrigo de piel extragrande grabada en ellos. Hace regalos de ese tipo.

Y me río mucho con él.

Un día, me envió un anuncio de Instagram para una empresa que crea pegatinas troqueladas con tu cara. Cualquier empresa de pegatinas podría crear pegatinas de caras, pero esta empresa sabía cómo venderlas. Ethan ni siquiera me envió un mensaje con el anuncio. No lo necesitó; ya me enganchó.

Después de vivir en Australia, regresé a mi casa en Mineápolis por unos años y terminé de escribir un libro titulado *El estudio bíblico*. La mayoría de las personas se sienten abrumadas con la

Biblia, así que ideé una manera de darles la mano mientras leen toda la Biblia. Durante la etapa de desarrollo de *El estudio bíblico*, quería que nuestro empaquetado tuviera elementos únicos que nos hicieran destacarnos de otros creadores de estudios bíblicos. No hay muchos independientes, así que mis probabilidades de destacar eran bastante elevadas.

Ethan me había enviado el anuncio de la empresa de pegatinas de caras la misma semana que estábamos decidiendo qué hacer.

De inmediato pensé en cuán divertido sería poner una pegatina con mi cara, con una gran sonrisa, en cada caja que enviara mi empresa desde nuestro almacén. Mi momento de iluminación fue poner la pegatina en el lugar reservado para una etiqueta de dirección del remitente, el mismo lugar donde pones la dirección en caso de que el paquete no llegue a su destino original.

Es como decir: "Este paquete hay que devolverlo, así que ¿dónde lo enviamos?".

"Ah, se lo enviamos a este tipo rubio con la sonrisa de oreja a oreja".

Imprimí mil pegatinas.

La única razón era para mi propio disfrute cuando pensara en el cliente recibiendo su pedido en el correo con una imagen mía sonriendo en la parte frontal. Ni siquiera tendría que ser yo, pero tenía sentido porque yo era el autor del libro.

Todavía me río al pensar en ello. Algunas personas se asombran o me llaman narcisista, pero me sigue

EN VERDAD NO SE PARECE EN NADA, PERO YA TE DAS UNA IDEA...

pareciendo divertido, y por alegrías pequeñas como esta vale la pena que te critiquen.

Cuando comenzamos a enviar pedidos de *El estudio bíblico* con mi cara en ellos, llegaba un camión de correos de tamaño normal al almacén todos los días, y recogía unos cuantos ejemplares para entregarlos a sus destinatarios. Nuestro increíble equipo del almacén me enviaba una foto todos los días con los pedidos que salían en el camión de correo.

Cinco ejemplares al día.

Diez ejemplares al día.

Pero después comenzamos a vender muchos libros.

Cientos de ejemplares al día.

Después miles de ejemplares a la semana.

El servicio postal de los Estados Unidos pasó de enviar un camión de correos de tamaño normal a enviar una camioneta dos veces al día, después un pequeño semicamión todas las tardes, y entonces a cargar los *pallets* de pedidos.

Y cada caja tenía una pegatina de mi cara sonriente en ella.

En nuestra oficina de correos local, pobrecitos. Me imagino tener que recoger las cajas todos los días, tocando cientos con la cara de un tipo en ellas. La persona que las recogía no tenía ni idea de quién era yo porque vivía en Miami en ese entonces, e incluso aunque visitara el almacén, nuestros caminos nunca se cruzarían.

¡Se llama Cheryl!

Un día, finalmente sucedió. En ese momento, Cheryl probablemente ya había cargado en su camión decenas de miles de cajas con mi cara en ellas. Cheryl se acercó a la parte trasera del almacén, y cruzamos las miradas. Ella supo quién era yo al instante, así que no hizo falta presentación alguna. Me acerqué a ella, le di un abrazo, respiré hondo, y dije: "Gracias".

Esos momentos de respirar profundo hablan por sí solos, cuando todo está en paz y la gratitud rebosa.

¿Cómo llegamos a un lugar como ese con Dios?

Donde reconocemos que Él ha estado actuando en cosas para nosotros durante quién sabe cuánto tiempo,

y respiramos hondo, y tan solo decimos: "Gracias".

DIOS EN CADA RESPIRACIÓN

Nuestra respiración es así de básica.

Cuando naces, comienzas a respirar.

Cuando mueres, has dado tu último aliento.

Cada respiración es un regalo porque significa que estás vivo. Y es bueno estar vivo.

Nunca somos dueños de nuestra respiración. Con cada una de ellas, estamos respirando en fe esperando que el oxígeno esté ahí, pero no somos dueños del oxígeno. La respiración en sí misma es un regalo del que podemos participar gracias a Dios.

Respira.

Inhala.

Exhala.

Cada una de ellas es algo por lo que estar agradecido.

Antes hablamos sobre Moisés ante la zarza ardiente en el libro de Éxodo. Piensa en lo increíble que debió haber sido para Moisés contemplarlo; ver una zarza que está en llamas, pero también estar interaccionando con Dios por primera vez. Él no tenía ni idea de quién era Dios verdaderamente.

Por lo tanto, después de que Dios le explica a Moisés todas las cosas milagrosas que va a hacer a través de él, Moisés dice:

He aquí que llego yo a los hijos de Israel, y les digo: El Dios de vuestros padres me ha enviado a vosotros. Si ellos me preguntaren: ¿Cuál es su nombre?, ¿qué les responderé? Y respondió Dios a Moisés: YO SOY EL QUE SOY. Y dijo: Así dirás a los hijos de Israel: YO SOY me envió a vosotros. Además dijo Dios a Moisés: Así dirás a los hijos de Israel: Jehová, el Dios de vuestros padres, el Dios de Abraham, Dios de Isaac y Dios de Jacob, me ha enviado a vosotros. Este es mi nombre para siempre; con él se me recordará por todos los siglos.

(Éxodo 3:13-15)

En español no comprendemos el significado del nombre de Dios, ya que a menudo se traduce como "YO SOY EL QUE SOY". En hebreo, es otra historia. Dios tiene más de mil nombres a lo largo de las Escrituras, pero su verdadero nombre en hebreo es "YHWH".

Los judíos tienen por costumbre no decir nunca el nombre YHWH debido a la santidad que conlleva. Aunque YHWH está en el Antiguo Testamento más de 6800 veces, se lo saltaban y usaban en su lugar otros nombres.

La cultura judía veneraba a Dios, y lo sigue haciendo hasta el día de hoy.

Con el paso del tiempo, la tradición cristiana ha añadido vocales al nombre YHWH, pronunciándolo "Yahvé", pero en su forma más simple con las letras individuales Y H W H se convierte en una respiración. No podemos pronunciar su nombre; solo podemos respirarlo.

Por lo tanto, te des cuenta o no, con cada respiración estás pronunciando el nombre de Dios.

Cuando estás durmiendo, YHWH.

Cuando estás comiendo, YHWH.

Cuando estás deprimido, YHWH.

Su nombre es parte de cada momento, bueno o malo, siempre está ahí.

No importa tu edad, raza, género, clase social, estado, país, si crees o no en Dios; Él está ahí para ti y disponible en cada respiración.

Al principio de la Biblia se nos presenta el Espíritu de Dios, que se mueve sobre las aguas. Si recuerdas, en el capítulo 3 de este libro hablamos sobre la historia de la creación babilónica que decía que la creación venía del caos. Sin embargo, en Génesis 1 vemos que el Espíritu de Dios se está moviendo sobre el caos y está en paz.

La palabra hebrea para *espíritu* es una palabra compuesta, *ruach*, que también significa viento y respiración.[1]

Dios habló, y se formó una nueva creación.

Él creó la tierra y dijo que era buena.

Creó los animales y dijo que eran buenos.

Creó al hombre y dijo que era *muy* bueno.

La misma respiración que Dios usó para hablar es la misma palabra para su Espíritu. Cuando Dios creó a Adán del polvo de la tierra y sopló vida en él, fue su *ruach* lo que estaba produciendo cada respiración, y fue su *ruach* lo que lo mantenía vivo.

El Espíritu de Dios es el responsable de toda la creación.

En la antigua tradición judía, entendían que el *ruach* de Dios era la energía que está detrás de todo, moviéndose a nuestro alrededor. Cada ráfaga de viento, cada respiración, cada acción invisible, estaba impulsada por el desbordar del *ruach* de Dios.

Él está involucrado en todo, y todo está controlado por Él.

Su respiración crea y su respiración sostiene.

Todo es un regalo.

Y, aunque es así de grande e inmenso, Él desea tener cercanía e intimidad contigo. Él te escogió para que estuvieras vivo en un tiempo como este para un propósito específico. Él te ama profundamente, y quiere estar cerca de ti a través de cada respiración.

VIDA DE RESURRECCIÓN

En tiempos de Jesús, el templo lo era todo para cada judío. Era un lugar donde se creía que residía la presencia de Dios, y muchos actos religiosos se realizaban en el interior de sus muros cada día.

Oración.

Sacrificios.

Era un lugar para mostrar tu dedicación a Dios.

Poco después de que comenzara el ministerio de Jesús, durante el tiempo de la Pascua, Jesús fue a Jerusalén para celebrar junto al resto de las personas judías.[2] Sin embargo, se enfureció con lo que estaba sucediendo dentro del templo, y comenzó a volcar las mesas. Esas personas estaban haciendo que los sacrificios fueran fáciles para los asistentes en lugar de que el proceso fuera genuino y de corazón. Se podía comprar una paloma o una cabra y no tener que pasar por el proceso de criarla y pensar en el sacrificio durante todo el año. Era una forma barata de realizar una obligación religiosa en lugar de experimentar una transformación del corazón.

Y Dios siempre está más interesado en nuestro corazón.

Por lo tanto, como Jesús está causando un revuelo, los líderes le preguntan por qué piensa Él que tiene autoridad para actuar así. La respuesta de Jesús fue: *Destruid este templo, y en tres días lo levantaré.*[3] El pueblo judío se rio porque se había tardado cuarenta y seis años en construir el templo, y pensaban que estaba diciendo que lo construiría en tres días. Imposible.

Pero Jesús no estaba hablando acerca del templo; hablaba sobre su cuerpo. Su muerte no sería el final, solo el comienzo.

Avanzando hasta la ejecución de Jesús, vemos que su afirmación era cierta: resucitó de la muerte tres días después. Pablo escribe que es el Espíritu Santo el que levantó a Jesús de la muerte.[4] Fue el *ruach* de Dios regresando al interior de Jesús para crear una nueva forma de vida. Las cosas ya no son como eran. Ahora todo es distinto. Para ellos y para nosotros.

Pablo continúa: *Y, si el Espíritu de aquel que levantó a Jesús de entre los muertos vive en ustedes, el mismo que levantó a Cristo de entre los muertos también dará vida a sus cuerpos mortales por medio de su Espíritu, que vive en ustedes.*[5]

Como creyentes en Jesucristo, hemos nacido de nuevo. Dios ha soplado nueva vida en nosotros.

¿Realmente crees que el mundo es un lugar terrible, y estás impaciente porque llegue el día de salir de aquí? La resurrección de Jesús nos muestra que Dios no se ha rendido con el mundo. Él lo está redimiendo todo para volver al plan original. La resurrección es la redención que está a disposición de todos.

En Juan 20, Jesús está sentado en el aposento alto con sus seguidores después de la resurrección. El autor dice que Jesús sopló sobre ellos y les dio el Espíritu Santo.[6] Espero que tuviera un caramelo de menta de los que hubiera en el primer siglo, o algo parecido, porque no hay nada peor que alguien respire muy cerca de mí.

Este momento es la cereza del pastel para lo que vemos en Génesis 2, cuando Dios sopló en Adán. Ese fue otro momento de nueva creación. Jesús les estaba dando vida, y vida en abundancia. Les estaba enviando al mundo para difundir la bondad del reino del mismo modo que acababa de hacer los tres años anteriores. Ellos nacieron de nuevo.

En Pentecostés, en el libro de los Hechos, vemos exactamente lo mismo. Los seguidores de Jesús están sentados por allí, cuando de repente un gran viento, el *ruach* de Dios, llena la sala y deposita el Espíritu Santo dentro de ellos para empezar a difundir las buenas nuevas del reino de Dios.[7]

La nueva creación estaba aquí mediante el cuerpo resucitado de Jesús y el cuerpo nacido de nuevo que hemos recibido. Sí, algunas cosas son feas en el mundo, pero Jesús inauguró el reino de Dios, y nuestro papel es ayudar a traer el cielo a cada momento. Él prometió renovar todas las cosas, no reventarlo todo y transportarnos a otro mundo.

En el futuro, el plan de Dios se completará, pero por ahora tenemos un trabajo que hacer: continuar trabajando en su plan junto a Él. Podemos probarlo ahora.

Todo lo que hacemos importa en el reino. Sea grande o pequeño. Estamos aquí para llevar esperanza, gozo, paz, amor y todo tipo de bondad a cada momento porque tenemos la clave de la vida. Tus vecinos que no conocen a Jesús personalmente deberían saber bien quién es Él por tu manera de conducir tu vida.

El papel del Espíritu Santo es transformarte para que seas más semejante a Jesús. El fruto que produces tendría que parecerse al suyo. Pablo lo llama el fruto del Espíritu. Es el *ruach* de Dios lo que está haciendo algo nuevo dentro de ti para crear algo incluso mejor a tu alrededor.

Nuestro papel está basado en la nueva creación, que comienza con el *ruach* de Dios y termina con el *ruach* de Dios. Su Espíritu, su respiración, su energía, está moviendo toda la vida, y tenemos la oportunidad de acceder a ella y ayudar a que nuestro mundo sea un lugar mejor.

En su libro *Sorprendidos por la esperanza*, N. T. Wright escribe:

El punto de la resurrección... es que la vida corporal presente no carece de valor porque morirá... Lo que haces con tu cuerpo en el presente es importante porque Dios tiene un gran futuro preparado para él. Lo que haces en el presente, ya sea pintando, predicando, cantando, sembrando, orando, enseñando, construyendo hospitales, cavando pozos, defendiendo la justicia, escribiendo poemas, cuidando de los necesitados, amando a tu prójimo como a ti mismo, perdurará hasta el futuro de Dios.[8]

Lo que hacemos ahora no solo impacta el presente, sino también el futuro.

Jesús nos deja saber que el reino de Dios se ha acercado; ya está ocurriendo a nuestro alrededor. Entrará en su plena realidad después, pero podemos acceder a él ahora.

Y podemos acceder a él viviendo más como Jesús cada día.

ESTÁS VIVO

Para muchas personas la vida es algo que están intentando superar. Es difícil. Tienen que trabajar duro. A menudo suceden cosas malas, y su única esperanza es morir un día e ir al cielo.

Para otros, es diferente. Entienden que cada respiración es un regalo de Dios, y él desea que cocreemos el mundo junto a Él. Tienen la capacidad de traer el cielo a todo lo que hacen, y la vida está llena de gozo, incluso cuando su situación es difícil.

Sea cual sea tu situación ante estos dos casos, tienes la opción de percibir la realidad de una forma o de otra. Como se ha dicho, no puedes controlar tus circunstancias, solo tu actitud. Puedes ceder y hacerte la víctima, o puedes mostrar a otros lo que mi mamá me enseñó a mí. Una alegría persistente trabajando en tu interior, una mentalidad del reino que te permite no solo mirar lo bueno a tu alrededor sino también cautivar a otros para que quieran ver lo que tú ves.

De todos modos, te despertaste hoy. Eso, en sí mismo, es un milagro.

Toma un momento ahora mismo solo para respirar. Pon ambos pies en el piso y reconoce cada respiración como lo que es: un regalo de Dios.

Inspira.

Expira.

Muchas veces tendemos a poner unas grandes expectativas en nuestra vida sin razón alguna. Nos atascamos preocupándonos por el futuro o pensando en el pasado. Así, la ansiedad nos supera.

Pero Jesús está ahí a tu lado también en esos momentos. En cada respiración estás pronunciando el nombre de Dios.

YHWH.

Puede ser muy fácil dejar que pasen los días, pero cuando nos enfocamos en estar presentes, los afanes del mundo parecen disminuir ligeramente.

Hay un jardín de rosas en Portland, Oregón, donde varias empresas y personas adineradas de todo el mundo cultivan rosas personalizadas. Literalmente, una fila es propiedad de una casa de moda de lujo, otra es propiedad de un magnate de los medios, mientras que el resto está en algún lugar entre medias.

Hay rosas rojas, rosas blancas y rosas amarillas y, realmente, cualquier color de rosa que te imagines.

Lo que hace que el jardín de rosas sea especial es el terreno. Los botánicos han descubierto que ese suelo en concreto es la *crème* de la *crème*: el nivel de pH perfecto, calcio y textura de tierra.

Hacer que una rosa crezca ahí es mejor que en cualquier otro lugar del mundo.

Y el jardín está justo en medio de la ciudad, en medio del ajetreo, al alcance de cualquiera. Belleza rodeada de caos. En cualquier momento la gente puede detenerse y oler las rosas, aunque la frase pueda sonar a cliché.

Mi amigo Caleb quiere cultivar su propio tipo de rosa algún día, y creo que eso es lo más hermoso. Sería el recordatorio perfecto para detener todo lo que estamos haciendo, respirar, y regresar a la realidad.

Tú y yo estamos aquí. Alguien a quien amas puede que no esté, y un día, nosotros también vamos a morir. Sin embargo, así como cuando mi mamá estaba cerca de la muerte y me enseñaba que la vida es un regalo, me siento inspirado a vivir ese entendimiento una respiración cada vez, porque en realidad es algo maravilloso estar vivo.

Todos somos parte de algo mucho mayor que nosotros mismos. Algo que ni siquiera podemos comenzar a entender. Que alguien se te cuele en medio del tráfico o te manches la camiseta de café, es algo que no puede ser menos importante. Por lo tanto, no des a esas pequeñas irritaciones ni un segundo de tu atención, pues no vale la pena. Mantén tus ojos abiertos a la belleza y maravilla que te rodean. Alza tu mirada a Dios, y con una profunda respiración, di: "Gracias".

Ahí es donde yo estoy. Eso es lo que he estado sintiendo últimamente, ya sea que esté bien o mal. Al final del día, quiero estar presente, ser agradecido y gozoso, y consciente de que Dios se está moviendo a mi alrededor. Y creo que tú desempeñas una parte muy importante en el mundo siendo también más alegre.

Te voy a dejar con esta cita del difunto rabino Abraham Joshua Heschel, que dijo: "Nuestra meta debería ser vivir la vida con un asombro radical... levantarnos en la mañana y mirar el mundo no dando nada por hecho. Todo es fenomenal; todo es increíble; nunca trates la vida de forma casual. Ser espiritual es estar asombrado".[9]

Si queremos un verdadero cambio, debemos comenzar a mirar lo bueno de cada momento.

APÉNDICE

52 GENERADORES DE GRATITUD

1. Enumera diez cosas por las que estás agradecido.

2. ¿Qué experiencia negativa se convirtió en algo bueno?

3. Nombra a una persona que haya impactado tu vida sin saberlo.

4. ¿Quién ha influenciado más tu vida este año?

5. Nombra a tres personas por las que estás agradecido.

6. ¿Cuál es un logro del que estás orgulloso?

7. ¿Cómo has visto a Dios obrar en tu vida recientemente?

8. ¿Qué te hace sentir como en casa?

9. ¿Qué es algo hermoso que hayas hecho por alguien?

10. ¿Cuál es tu fiesta favorita?

11. ¿Qué esperas con anticipación?

12. ¿Cuál es la mejor parte de la manera en que fuiste criado?

13. Cuenta la lección más grande de tu vida.

14. Si el dinero no fuera un problema, ¿qué harías con tu tiempo?

15. ¿Qué es lo más hermoso que alguien ha hecho por ti?

16. ¿Qué es algo que aprecias de ti mismo?

17. ¿Cuándo te has sentido más valiente?

18. ¿Qué artículo has comprado que hace que tu vida sea más fácil?

19. ¿Qué fue lo mejor que te sucedió esta semana?

20. ¿Cómo puedes ayudar a otros en tu comunidad?

21. ¿Por qué parte del día estás más agradecido?

22. Nombra una cosa que te hizo reír hoy.

23. Comparte la historia de tu salvación.

24. ¿Cuál es el talento por el que estás más agradecido?

25. ¿Cuál es tu libro o programa de televisión favorito? ¿Por qué?

26. Nombra a un maestro que haya impactado tu vida.

27. ¿Cuál es ese recuerdo hermoso que siempre conservarás?

28. Nombra una cosa que siempre te hace sentir mejor.

29. Enumera todo lo que puedas ver por lo que estás agradecido.

30. ¿Qué es lo que más esperas que ocurra en los próximos noventa días?

31. ¿Qué canción ha influenciado más tu vida?

32. ¿Cuál es la mejor parte de tu trabajo?

33. ¿Quién te ha hecho sonreír más esta semana?

34. ¿Qué es lo más hermoso que alguien te ha dicho?

35. ¿Cuál es la parte de tu cuerpo por la que estás más agradecido?

36. ¿Con qué estás batallando ahora mismo? ¿Puedes ver su lado bueno?

37. ¿Cuál es la mejor noticia que has oído últimamente?

38. Nombra a una persona con la que siempre puedes contar.

39. ¿Quién te inspira a amar mejor a otros?

40. Nombra una cosa que estás agradecido por soltar.

41. ¿Qué te hace feliz?

42. Describe tu lugar favorito del mundo.

43. ¿Cuál es tu comida favorita?

44. ¿Cómo puedes ser más agradecido?

45. ¿Cuál es el mejor regalo que has recibido nunca?

46. ¿Por qué necesidad básica estás más agradecido?

47. Escribe acerca de tu oración contestada más recientemente.

48. ¿Cuál es una actividad que te produce alegría?

49. ¿Cómo puedes ser más generoso (con tiempo o dinero)?

50. ¿Qué le gusta a la gente de ti?

51. ¿Cuándo fue la última vez que te sentiste en paz?

52. ¿Qué es lo que más te gusta de la época de la vida en la que estás?

UN AGRADECIMIENTO ESPECIAL

Pete y T. Windahl por enseñarme a mirar lo bueno, al margen de las circunstancias.

Caleb Brose, ¿dónde vamos ahora?

Jeff Braun y Andy McGuire, vayamos de nuevo a *Spoon*.

Sharon Hodge, por hacerme parecer más inteligente de lo que soy.

Todo el equipo de Bethany House por hacernos sentir amados desde el primer día.

Jesse Roberson, te debo unas alas.

Thomas de Armas-Wlodek, por impresionarme tanto.

Bob, por inspirarme a vivir una vida de buenas historias.

Heather y la pandilla femenina de Choice PR, son increíbles.

NOTAS

CAPÍTULO 1: CAMBIAR NUESTRA PERSPECTIVA

1. Dylan Matthews, "23 Charts and Maps that Show the World Is Getting Much, Much Better", Vox, 17 de octubre de 2018, https://www.vox. com/2014/11/24/7272929/global-poverty-health-crime-literacy-good-news, y "Fact Question 9", Gapminder, http://gapminder.org.

Ver también Hans Rosling, et al., *Factfulness: Ten Reasons We're Wrong About the World—and Why Things Are Better Than You Think* (New York: Flatiron Books, 2018), pp. 3–6; Johan Norberg, Progress: *Ten Reasons to Look Forward to the Future* (Londres: Oneworld Publications, 2016); y Steven Pinker, *Enlightenment Now: The Case for Reason, Science, Humanism, and Progress* (New York: Penguin Books, 2019).

2. Proverbios 11:14, NVI.

3. Proverbios 16:3, NTV.

CAPÍTULO 2: TÚ DECIDES LA HISTORIA

1. Kyle Bowe, "Your Odds of Being Alive", *Medium*, 5 de junio de 2019, https://medium.com/afwp/your-odds-of-being-alive-af7826915073.

2. Robert Emmons, "Thanks! The Science of Gratitude", *The Table*, Biola University Center for Christian Thought, 9 de marzo de 2014, https://cct.biola.edu/thanks-science-gratitude/.

3. Sonja Lyubomirsky, "Pursuing Happiness: The Architecture of Sustainable Change", *Review of General Psychology* 9, no. 2 (2005): 111–113, http://sonjalyubomirsky.com/wp-content/themes/sonjalyubomirsky /papers/LSS2005. pdf. Ver también Caroline Leaf, *Switch On Your Brain* (Grand Rapids: Baker, 2015), y Mendel Kalmenson, *Positivity Bias* (New York: Ezra Press, 2019).

4. Dylan Matthews, "23 Charts and Maps that Show the World Is Getting Much, Much Better", *Vox*, 17 de octubre de 2018, https://www.vox.com/2014/11/24/7272929/global-poverty-health-crime-literacy-good-news. Ver también Steven Dennings, "Why the World Is Getting Better and Why Hardly Anyone Knows It", *Forbes*, 30 de noviembre de 2017, https://www.forbes.com/sites/stevedenning/2017/11/30/why-the-world-is-getting-better-why-hardly-anyone-knows-it/?sh=62e8fa757826; Julius Probst, "Seven Reasons Why the World Is Improving", BBC, 10 de enero de 2019, https://www.bbc.com/future/article/20190111-seven-reasons-why-the-world-is-improving.

5. Max Roser, "Most of Us Are Wrong About How the World Has Changed (Especially Those Who Are Pessimistic About the Future)", *Our World in Data*, 27 de julio de 2018, https://ourworldindata.org/wrong-about-the-world.

6. Annie Kelly, "Gross National Happiness in Bhutan: The Big Idea from a Tiny State that Could Change the World", *The Guardian*, 1 de diciembre de 2012, https://www.theguardian.com/world/2012/dec/01/bhutan-wealth-happiness-counts.

CAPÍTULO 3: NUEVA CREACIÓN

1. Joshua J. Mark, *Enuma Elish—The Babylonian Epic of Creation*, World History Encyclopedia, 4 de mayo de 2018, https://www.worldhistory.org/article/225/enuma-elish—-the-babylonian-epic-of-creation—-fu/. Ver también Tim Mackie and Jonathan Collins, Ancient Cosmology series, BibleProject podcast, mayo 2021, https://bibleproject.com/podcasts/the-bible-project-podcast/.

2. Walter Brueggemann, *Genesis: Interpretation: A Bible Commentary for Teaching and Preaching* (Louisville, KY: Westminster John Knox Press, 1986), p. 24.

3. Génesis 1:28, NVI.

4. Lucas 1:41.

5. Ver Shoshanna Lockshin, "What Is a Mikveh?", My Jewish Learning, https://www.myjewishlearning.com/article/the-mikveh/.

6. Ver Lucas 3:1–22.

7. Lucas 3:16.

8. Mateo 3:16–17.

9. Ver también G. K. Beale and Mitchell Kim, *God Dwells Among Us: Expanding Eden to the Ends of the Earth* (Downers Grove, IL: InterVarsityPress, 2014).

10. N. T. Wright, *Simply Good News: Why the Gospel Is News and What Makes It Good* (New York: HarperCollins, 2015), p. 97.

11. Ver Filipenses 3:20.

12. Ver Tzvi Freeman, "What is Tikkun Olam?", Chabad.org, https://www.chabad.org/library/article_cdo /aid/3700275/jewish/What-Is-Tikkun-Olam.htm.

CAPÍTULO 4: EL DÍA DE REPOSO

1. Ver Éxodo 20:8–11.

2. Ver también Walter Brueggemann, *Sabbath as Resistance: Saying No to the Culture of Now* (Louisville, KY: Westminster John Knox Press, 2014).

3. Éxodo 20:2.

4. Ver Karl Barth, *Church Dogmatics: The Doctrine of Creation*, Volume 3 (New York: Bloomsbury Publishing, 2004).

CAPÍTULO 5: ES UNA CELEBRACIÓN

1. Joseph Pieper, *In Tune with the World* (South Bend, IN: St. Augustine's Press, 1999), p. 62.

2. Deuteronomio 14:25–26.

3. Ver Mateo 11:19; Lucas 7:34.

4. Ver también Tim Chester, *A Meal with Jesus: Discovering Grace, Community and Mission Around the Table* (Wheaton, IL: Crossway, 2011), y Norman Wirzba, *Food and Faith: A Theology of Eating* (United Kingdom: Cambridge Printing House, 2019).

5. C. T. McMahan, "Meals as Type-Scenes in the Gospel of Luke", PhD dissertation, Southern Baptist Theological Seminary, 1987, como se cita en Craig L. Blomberg, *Contagious Holiness: Jesus' Meals with Sinners*, ed. D. A. Carson, vol. 19, *New Studies in Biblical Theology* (Downers Grove, IL: InterVarsity Press, 2005), p. 163.

6. Ver Juan 2:1–12.

CAPÍTULO 6: ÉL ES MUCHO MÁS DIVERTIDO EN LA VIDA REAL

1. Ver Isaías 61:10; Mateo 25:21; Lucas 10:21; Juan 15:11; 17:13; Hebreos 1:8–9; 12:2.

2. Jeremías 1:5; Salmos 139:14; Mateo 6:8.

3. Ver Elton Trueblood, *The Humor of Christ: A Bold Challenge to the Traditional Stereotype of a Somber, Gloomy Christ* (New York: Harper-Collins, 1964). Ver también Henri Cormier, *The Humor of Jesus* (New York: The Society of St Paul, 1977), y Earl F. Palmer, *The Humor of Jesus* (Vancouver: Regent College Publishing, 2001).

4. Lucas 2:10.

5. Gálatas 5:22–23.

6. Juan 15:11.

7. G. K. Chesterton, *Orthodoxy*, Centennial Edition (Nashville, TN: Sam Torode Book Arts, 2008), p. 158.

CAPÍTULO 7: EXPERIMENTA TODOS LOS SENTIMIENTOS

1. Mateo 28:17.

2. Mateo 28:20.

3. David G. Benner, *The Gift of Being Yourself: The Sacred Call to Self-Discovery* (Downers Grove, IL: InterVarsity Press, 2015), p. 41.

4. Timothy J. Keller, *Joy*, sermón predicado el 8 de abril de 2010 sobre Romanos 5:1–11 en *The Timothy Keller Sermon Archive* (New York: Redeemer Presbyterian Church, 2013).

5. Keller, *Joy*.

CAPÍTULO 8: MIRA LO BUENO

1. Ver Santiago 1:17.

2. Ver Summer Allen, PhD, "The Science of Gratitude", Greater Good Science Center at UC Berkeley, mayo 2018, https://ggsc.berkeley.edu/images/uploads/GGSC-JTFWhitePaper-Gratitude-FINAL.pdf.

3. Allen, "The Science of Gratitude".

4. Lucas 17:11–14.

5. Lucas 17:14–16.

6. Lucas 17:17–19.

7. Ver Éxodo 3.

8. Rabbi Shelly Barnathan, "D'var Torah: Turning in Order to See", Philadelphia Jewish Exponent, 7 de enero de 2021, https://www.jewishexponent.com/2021/01/07/turning-in-order-to-see/.

9. Alice Walker, *The Color Purple* (London: Penguin Books, 2019), p. 195.

10. Richard Foster, "The Art of Celebration", Boundless, 23 de noviembre de 2006, https://www.boundless.org/faith/the-art-of-celebration/.

CAPÍTULO 9: CÓMO SER UNA BENDICIÓN

1. Ver Romanos 2:4.

2. Génesis 12:1–3.

3. Ver Romanos 11:17.

4. Ver Juan 21:3–6.

5. J. Richard Middleton, *A New Heaven and a New Earth: Reclaiming Biblical Eschatology* (Grand Rapids, MI: Baker Academic), p. 174.

6. Entrevista personal con Jimmy Kellogg.

7. David Steindl-Rast, citado por Esther de Waal, *Living with Contradiction: An Introduction to Benedictine Spirituality* (New York: Morehouse Publishing, 1997), p. 142.

CAPÍTULO 10: DECLARAR VIDA

1. Ver Génesis 1; 12:1–3.

2. Proverbios 18:21, NVI.

3. Ver Génesis 2:19–20.

4. Ver Éxodo 2:1–10.

5. Ver Juan 1:42.

6. Ver Génesis 32:22–32.

7. "3290. Yaaqob", *Strong's Concordance*, Biblehub.com, https://biblehub.com/hebrew/3290.htm, y "supplanter", *The Free Dictionary*, https://www.thefreedictionary.com/supplanter.

8. Marcos 12:28.

9. Marcos 12:29-31.

10. Deuteronomio 6:4–5, NVI.

11. Juan 3:16, NVI.

12. "Bless", *Lexico*, https://www.lexico.com/en/definition/bless.

13. Bob Goff, *Everybody Always: Becoming Love in a World Full of Setbacks and Difficult People* (Nashville, TN: Nelson Books, 2018), p. 31.

CAPÍTULO 11: UNA PEQUEÑA OLA

1. Santiago 2:26.

2. Tzvi Freeman, "What Is a Mitzvah?", Chabad.org, https://www.chabad.org/library/article_cdo/aid /1438516/jewish/Mitzvah.htm.

CAPÍTULO 12: Y ENTONCES RESPIRA

1. Ver también Tim Mackie y Jonathan Collins, serie sobre el Espíritu Santo, *BibleProject* podcast, marzo de 2017. *BibleProject* podcast, mayo de 2021, https://bibleproject.com/podcast/series/holy-spirit-series/.

2. Ver Juan 2:13–22.

3. Juan 2:19.

4. Ver Romanos 8:11.

5. Romanos 8:11, NVI.

6. Ver Juan 20:22.

7. Ver Hechos 2:1–13.

8. N. T. Wright, *Surprised by Hope: Rethinking Heaven, the Resurrection, and the Mission of the Church* (New York: HarperOne, 2008), p. 193.

9. Abraham Joshua Heschel, citado en Erica Brown, *Take Your Soul to Work: 365 Meditations on Every Day Leadership* (New York: Simon & Schuster, 2015), pp. 5–6.

ACERCA DEL AUTOR

El autor y emprendedor **Zach Windahl** ha ayudado a miles de personas a entender mejor la Biblia y acercarse más a Dios por medio de su empresa, The Brand Sunday. Es autor de varios libros, entre los que se incluyen *The Bible Study*, *The Best Season Planner* y *Launch with God*. Zach vive en Minneapolis, Minnesota, con su esposa Gisela y su perrita Nyla.